MILAGRES

CB078052

TRILOGIA

SINAIS *do* SAGRADO

Pe. REGINALDO MANZOTTI

MILAGRES

7 exemplos de fé para inspirar e transformar nossas vidas

AGIR

Copyright © 2014, Pe. Reginaldo Manzotti

Direitos de edição da obra em língua portuguesa no Brasil adquiridos pela Agir, selo da Editora Nova Fronteira Participações S.A. Todos os direitos reservados. Nenhuma parte desta obra pode ser apropriada ou estocada em sistema de banco de dados ou processo similar, em qualquer forma ou meio, seja eletrônico, de fotocópia, gravação etc., sem a permissão do detentor do copirraite.

EDITORA NOVA FRONTEIRA PARTICIPAÇÕES S.A.
Rua Nova Jerusalém, 345 — CEP 21042-235
Bonsucesso — Rio de Janeiro — RJ
Tel.: (21) 3882-8200 fax: (21) 3882-8212/8313

CIP-Brasil. Catalogação na fonte. Sindicato Nacional dos Editores de Livros, RJ.

M296m Manzotti, Reginaldo.
Milagres: 7 exemplos de fé para inspirar e transformar nossas vidas / Reginaldo Manzotti. – Rio de Janeiro: Agir, 2014.
144 p.

ISBN 978.85.220.1597-9

1. Milagres – Cristianismo. 2. Vida cristã. I. Título.

CDD: 248
CDU: 248.12

Agradecimentos

Agradeço a todos os que, direta e indiretamente, colaboraram na produção desta obra.

Lembro-me daqueles que partilham sua vida comigo e permitem que a minha seja dividida com eles. Em particular, Cleusa do Pilar Marino Sieiro, Vanda de Fátima Carvalho, Fernanda de Andrade e Luciana Luiza Benedetto.

Sou imensamente agradecido pela gratuidade e pela bondade com que frei Clodovis Boff se dispôs a ler e retocar os conteúdos. Homem de Deus, dotado de profunda sabedoria, é um exemplo de acolhimento e desejo de servir. Por tudo isso, faço questão de reiterar minha máxima gratidão a ele.

Ao tratar do tema milagres, dedico especial pensamento e atenção à minha irmã mais velha, Jandira Manzotti Libanori, e ao seu marido Olívio, que passaram pela grande perda de um filho, meu sobrinho José Roberto, aos 29 anos, em um acidente fatal. Perda imensa e dor indescritível, mas o milagre da fé os fez mais fortes.

Agradecimentos

Sumário

Introdução

A proposta desta obra é tão ousada quanto deve ser a nossa fé: tirar você do comodismo das leituras habituais e convidá-lo a fazer uma leitura orante (*Lectio Divina*) de alguns textos dos santos Evangelhos. Não se trata de uma tentativa de introdução à erudição teológica. Pelo contrário, este livro aborda a fé em ação, por isso foram cuidadosamente selecionados das Sagradas Escrituras sete milagres de Jesus, cujo conhecimento e compreensão podem, sim, mudar a nossa vida.

Claro que, ao nos debruçarmos sobre os milagres de Jesus, devemos ser cautelosos e evitar fornecer combustível para a grande exploração mercantilista que sempre ronda esse tema. Mas nem por isso podemos e devemos ignorar fatos tão expressivos relacionados a Jesus.

Destaco um texto do Evangelho segundo Lucas que serve como "chave" para a leitura do conteúdo desta obra. Trata-se de uma passagem em que Jesus, durante estada em Nazaré num sábado, como ademais era de seu costume, foi a uma sinagoga e escolheu um trecho do livro do profeta Isaías, o proclamou e assumiu para si mesmo o cumprimento da profecia nele contida:

O Espírito do Senhor está sobre mim, porque me ungiu; e enviou-me para anunciar a boa nova aos pobres, para sarar os contritos de coração, para anunciar aos cativos a redenção, aos cegos a restauração da vista, para pôr em liberdade os cativos, para publicar o ano da graça do Senhor. Hoje se cumpriu este oráculo que vós acabais de ouvir.

Lucas 4,18-19.21b

Trata-se do conteúdo programático do ministério público de Jesus. Sua missão está claramente expressa nesse texto. Missão que Ele levou até o fim sob o peso de condenação, morte e ressurreição.

Em vista dessa missão, os sinais e milagres de Jesus testemunham que o Pai O enviou. "Assim, os milagres fortificam a fé n'Aquele que faz as obras do seu Pai: testemunham que Ele é o Filho de Deus" (CIC § 548).

Tenhamos claro que, ao fazer milagres, exorcismos, reanimações de mortos, Jesus não tinha por intenção abolir todos os males da terra; antes, buscava sinalizar a antecipação do Reino e mostrar o poder de Deus, capaz de libertar a humanidade da escravidão e do pecado.

Longe de entrar numa discussão exaustiva sobre o que é milagre e de que forma ele se manifesta e ocorre, fato este que não é menos importante mas demandaria uma abordagem mais aprofundada de conceitos de Teologia, proponho partir dos próprios textos das Sagradas Escrituras na busca de uma atualização e do melhor entendimento dos milagres de Jesus.

Tem sido extremamente enriquecedor e gratificante tomar conhecimento de relatos vindos de todo o Brasil por intermédio dos meus programas de rádio e TV. É comovente acompanhar dia a dia a aproximação dos leigos à Palavra de Deus. São testemunhos de pessoas que até já tinham adquirido a Bíblia há muitos anos, mas passaram por um período de distanciamento no qual ela se transformou em mais um adorno dentro de casa, até que agora despertaram para o seu valor e fazem de seu conteúdo uma verdadeira "cartilha de oração".

Creio que só podemos enxergar os sinais de Deus quando nosso olhar se faz contemplativo. O grande problema é que o corre-corre, o estresse, as preocupações, a ansiedade e o imediatismo da vida moderna nos impedem de ter essa visão. Achamos que Deus tem que se mostrar em teofanias, ou seja, em grandes manifestações de poder, porém lembremo-nos de Elias, que não sentiu Deus num terremoto nem no fogo, mas na brisa suave (cf. 1Reis 19,11-12).

Preferencialmente queremos encontrar Deus nos milagres, e quanto mais espetaculares eles forem maior será o nosso encantamento. No entanto, na maioria das vezes Ele se mostra internamente. Há momentos em que sua manifestação é palpável, como na cura de uma doença; contudo isso é algo extraordinário, fora do ordinário. Os milagres como sinais ocorrem em nosso interior e são fatos muito simples, os quais não estamos adequadamente preparados para perceber.

A importância de conhecer os milagres de Jesus não está apenas nos fatos e no contexto em si, mas também, e sobretudo, no ensinamento que brota deles. A maior e mais valiosa lição que eles nos trazem é quanto a ter fé para favorecer a sua ocorrência, muito mais que o contrário, isto é, presenciar milagres para depois desenvolver a fé. Se tivermos fé, a graça virá, não necessariamente conforme a nossa expectativa, mas no tempo e ao modo de Deus.

Não tenhamos a falsa ilusão de que os problemas desaparecerão. Eles continuarão a fazer parte da nossa vida; porém quando sobrevier a dúvida sobre o porquê de sua existência, também devemos lembrar que Jesus era o Filho amado de Deus e, ainda assim, experimentou o mais alto grau de sofrimento e dor humana: a morte na cruz. O questionamento que normalmente se segue é: Por que Deus não fez diferente, se Ele é o Senhor onipotente?

A resposta é simples, porém definitiva: não foi o Pai que O obrigou; foi eu Filho Jesus quem se entregou por amor ao Pai e a nós, pela nossa salvação.

São Paulo recomendou: “Orai sem cessar” (1Tessalonicenses 5,17). Já Santa Faustina fez um alerta importante em seu diário: “O silêncio é como a espada na luta espiritual, a alma tagarela nunca atingirá a santidade” (*Diário de Santa Faustina*, p. 477).

Reforço as palavras desta santa e insisto que nossas orações não podem constituir-se em um "tagarelar" sem sentido, devendo sempre ter um bom propósito, claro e preciso.

Cabe a nós aprender a "rezar o silêncio", ou seja, silenciar o coração, aguçar os sentidos e perceber em cada acontecimento do dia a dia, mesmo na tristeza e na melancolia, os sinais de Deus. Devemos perseverar, insistir e nos apropriar de tudo de bom que Ele quer nos dar.

Em tempo: dizer que os milagres de Jesus são sinais não é negar sua historicidade, e sim tentar compreender mais amplamente sua mensagem.

No livro de Atos dos Apóstolos Pedro se vale dos milagres de Jesus para exortar os israelitas à fé em Cristo, como quando afirma:

> Israelitas, ouvi estas palavras: Jesus de Nazaré, homem de quem Deus tem dado testemunho diante de vós com milagres, prodígios e sinais que Deus por ele realizou no meio de vós como vós mesmos o sabeis.
>
> Atos 2,22

Deixemos, portanto, que os textos dos milagres nos toquem.

Gostaria, ainda, de sugerir que esta leitura possa ser feita tanto de forma individual quanto comunitária, talvez como subsídio para a formação bíblico-catequética em pastorais e movimentos.

De qualquer forma, o espírito deve ser sempre o de leitura orante e zelosa da Palavra de Deus.

Primeiro milagre:

SENHOR, DÁ-NOS ALEGRIA E VONTADE DE VIVER

São inúmeras as crises a que estamos sujeitos nos dias atuais. Os problemas ocorrem em todos os setores da sociedade, como na política, na economia, na religião, e também na vida profissional e pessoal de cada um.

Mudar é inevitável. Muitas vezes, necessário. E quem dera isso sempre significasse uma mudança para melhor, mas nem sempre é assim. Não raro, é nessas ocasiões que o mal cresce. Não que ele seja mais forte. Pelo contrário, a força do Bem é infinitamente maior, porque Deus é o Sumo Bem. Ele é bom para todos e sua misericórdia se estende a todas as suas obras (cf. Salmos 144,9). Por seu poder Deus criou o céu e a terra. Nada lhe é impossível, e Ele dispõe à vontade de sua obra. Ele é o Senhor do universo, cuja ordem estabeleceu, e, por isso, esta lhe permanece inteiramente submissa e disponível. Também é o Senhor da história: governa os corações e os acontecimentos à vontade. "Teu grande poder está sempre a teu serviço, e quem pode resistir à força de teu braço?" (CIC §269).

Portanto, a supremacia do Bem é incontestável. Contudo o mal é abundantemente semeado no momento de fazermos nossas escolhas. Isso se deve ao que eu chamo de "perda de paradigmas". Pode parecer algo complicado, "coisa de padre que gosta de falar difícil", mas é bem fácil de entender: refiro-me à crescente falta de valores que acomete o ser humano. A convivência social, a solidariedade, a fraternidade, a ética e outros valores básicos deixaram de ser cultivados e, como toda planta que não recebe água, não conseguem mais florescer. Isso acontece de forma tão disseminada e há tanto tempo que eu o chamo de "vazio crônico".

A cada geração o quadro só piora. Os sintomas estão por aí e não podem ser negados: depressão, apatia, descrença, angústia, vazio interior. As pessoas sabem que há algo errado, mas o problema está justamente no momento de escolherem o que fazer para solucioná-lo.

Em seus discursos, incluindo os realizados em sua passagem pelo Brasil durante a Jornada Mundial da Juventude, em 2013, o Papa Francisco sempre alerta para o grande equívoco que é dar mais importância ao "ter" do que ao "ser", ou seja, atrelar a própria felicidade à aquisição de bens materiais, o que infelizmente se tornou uma prática comum, sobretudo entre os mais jovens. Os *shopping centers*, por exemplo, apresentam-se como verdadeiros templos da felicidade, aptos a preencher todas as necessidades do cidadão moderno, das compras à alimentação e ao lazer. No entanto, por mais que madruguemos nas filas das lojas para aproveitar todas as promoções e as últimas novidades, não há forma de compensar ou amenizar o desejo dentro de nós: queremos cada vez mais.

Mas as "ofertas" para preencher o vazio existencial não dizem respeito apenas aos bens materiais. No plano espiritual também há promessas de respostas rápidas e instantâneas para livrar-nos do mal que nos assola. Antigamente, costumava-se dizer que quando a esmola é demais o cego desconfia. O problema é que nós enxergamos bem, mas nossa alma está ficando cega. Como padre, sempre insisto que não se pode fugir da "pedagogia da cruz", pois não há bem maior que possa ser conquistado sem esforço e uma boa dose de sacrifício. Por isso, aqueles que são vítimas da cegueira espiritual sempre acabam frustrados e percorrendo um caminho muito mais demorado até a construção de uma fé amadurecida.

Na vida profissional e pessoal o vazio interior chega a ser tão grande e profundo que pode até resultar em doenças, chamadas de *psicossomáticas*, aquelas que se originam a partir de distúrbios emocionais. Angústia, desgosto, desespero são como uma espécie de veneno, que, em doses altas, podem até matar. Há pessoas que chegam a cometer suicídio. Outras desenvolvem doenças graves e não entendem como isso aconteceu. O organismo reage a nossas emoções, tristezas e frustrações. No entanto, muitas pessoas preferem ignorar os sinais e embarcam na fantasia de que a vida é uma grande festa, e quando se dão conta estão mergulhadas em uma piscina de infelicidade.

Assim, não é difícil entender por que cada vez mais casamentos e relacionamentos estão desgastados. A vida em família, por sua vez, transformou-se em um peso, um acúmulo de mágoas que leva ao desencanto.

São situações diferentes, com causas diversas, mas, em todas elas, uma mesma sensação: o vazio, a perda de sentido, a ausência de uma razão.

Costumo ouvir muito esta pergunta: "Mas como isso é possível, padre, se eu quero tanto ser feliz?" Para ser feliz não basta apenas *querer ser feliz*, é preciso algo mais.

Há quem brinque dizendo que está "à espera de um milagre", pois somente isso seria capaz de mudar sua vida. A desatenção é tamanha que não percebe que a ação do Senhor já se faz de maneira discreta, cotidiana, como um sinal para que sejamos melhores e mudemos positivamente nossos planos e a direção da nossa vida.

Aquilo que nos falta somente Jesus pode oferecer, isso é fato. Ele nos dá vida nova, a vida em abundância (cf. João 10,10b). Como afirma São Paulo: "Se alguém está em Cristo, é nova criatura. As coisas antigas passaram; eis que uma realidade nova apareceu" (2Coríntios 5,17).

Mas não é porque o milagre é Jesus que devemos nos acomodar e esperar que Ele também tome por nós a decisão de mudar. O sol nasce todos os dias e ilumina tudo à sua volta, mas cabe a cada ser vivo da natureza voltar-se para a luz a fim de dar continuidade ao seu ciclo de vida. A fé pede o mesmo movimento: a decisão de deixar a força de Deus nos restaurar e renovar somos nós quem tomamos, mesmo que para isso também a graça seja necessária.

Como essa realidade pode mudar? O que Jesus pode fazer?

Proponho aqui o primeiro milagre ou, como prefere o evangelista João, o primeiro sinal de Jesus:

> No terceiro dia houve um casamento em Caná da Galileia e a mãe de Jesus estava lá.
>
> Jesus foi convidado para o casamento e os seus discípulos também.
>
> Ora, não havia mais vinho, pois o vinho do casamento havia acabado. Então a mãe de Jesus lhe disse: "Eles não têm mais vinho."
>
> Respondeu-lhe Jesus: "Que queres de mim, mulher? Minha hora ainda não chegou."
>
> Sua mãe disse aos serventes: "Fazei tudo o que ele vos disser."
>
> Havia ali seis talhas de pedra para a purificação dos judeus, cada uma contendo de duas a três medidas.
>
> Jesus lhes disse: "Enchei as talhas de água."

Eles encheram até à borda. Então lhes disse: "Tirai agora e levai ao mestre-sala."

Eles levaram. Quando o mestre-sala provou a água transformada em vinho — ele não sabia de onde vinha, mas o sabiam os serventes que haviam retirado a água —, chamou o noivo e lhe disse: "Todo homem serve primeiro o vinho bom e, quando os convidados já estão satisfeitos serve o inferior. Tu guardaste o vinho bom até agora!"

Esse princípio dos sinais, Jesus o fez em Caná da Galileia e manifestou a sua glória e os seus discípulos creram nele.

João 2,1-11

Hoje, quando falamos em vinho, já pensamos no problema do alcoolismo, e esse milagre parece que perdeu sua força. Mas vale lembrar que esta bebida tem propriedades benéficas, tanto que alguns médicos recomendam um cálice de vinho tinto por dia, porque faz bem ao coração. O segredo está em saber aproveitar esse benefício e não passar de um cálice.

O vinho no Antigo Testamento é sinal de alegria, abundância, festa. Era inconcebível pensar numa festa judaica sem vinho. O salmo 23 faz referência à abundancia da graça de Deus simbolizada pelo vinho: "Diante de mim preparas a mesa, à frente dos meus opressores; unges minha cabeça com óleo, e minha taça transborda" (Salmos 23,5).

Cabe, portanto, a nós buscarmos o significado do vinho neste milagre registrado no Evangelho.

O evangelista João relata que Jesus foi a um casamento, em que sua mãe também estava presente, e nessas bodas manifestou Seu primeiro sinal.

Faltar vinho numa festa era uma vergonha para os noivos e os anfitriões, bem como uma tristeza para os convidados, pois significava o fim da festa. Era exatamente isso que tinha acontecido quando Maria, a mãe de Jesus, tomou a iniciativa e comunicou ao Filho: "Eles não têm mais vinho."

Em seguida, ela recomendou aos que estavam servindo no casamento para seguirem as recomendações de Seu filho. Jesus mandou-os trazer seis recipientes. Eram talhas de pedra usadas para a purificação, segundo o costume judaico. O pedido para encherem os potes indica que estavam vazios ou pelo menos não completamente cheios, provavelmente resultado do ritual de purificação já realizado pelos convidados.

A noção de que algo precioso acabara — o vinho —, restando apenas o vazio ou a incompletude — os recipientes —, constitui o ponto central do relato de João, cujas palavras são carregadas de simbolismos. Trata-se de uma comunidade em que a antiga Lei, uma fé baseada em preceitos e ritos vazios e externos, não purificava nem saciava mais ninguém. Santo Tomás explica que antes da Encarnação de Cristo faltava aos homens, aos judeus, três vinhos: o vinho da justiça, o da sabedoria e o da caridade ou graça, pois na velha Lei a justiça era imperfeita, a sabedoria estava oculta e a caridade não era filial, mas realizada em espírito de servidão e temor.

Jesus é a nova Lei; a Lei do Amor não mais escrita em pedra, mas no coração. Pela Sua ressurreição é selada a Nova Aliança, e os velhos ritos são superados.

O milagre da conversão da água usada para purificar a parte externa do corpo em vinho, capaz de curar o coração, sinaliza que a grande mudança não está numa atitude meramente exterior, e sim na vivência profunda da Lei. Ele apresenta o vinho novo para mostrar que a transformação ocorre em nosso interior, de dentro para fora. Purificamo-nos dos pecados não com água, mas com Jesus, o Vinho Novo.

Não por acaso Jesus se valeu do vinho transformado em Seu Sangue para ser presença real na Eucaristia. Por isso, João não apresenta como primeiro milagre a cura de cegos, paralíticos ou de outro tipo de enfermidade, mas a cura da relação do homem com Deus.

Só há bodas, comunhão, felicidade e alegria plena quando deixarmos Jesus desposar nossa alma. As bodas de Caná, conforme narração de São João, ocorreram de verdade e certamente seus personagens são pessoas reais, com necessidades concretas, assim como as nossas. Por isso, podemos ver nessas bodas o encontro esponsal de nossa alma com Deus. É o encontro do Criador com a criatura, do Amado com a amada (nossa alma): "Eu sou do meu amado e meu amado é meu" (Cântico dos Cânticos 6,3).

Quando o mestre-sala provou o vinho transformado, sem saber de onde vinha, disse: "Todos servem primeiro o vinho bom e, quando os convidados estão bêbados, servem o pior. Você, porém, guardou o vinho bom até agora." Ou seja, existem facilidades que nos atraem até nos embriagar — a beleza embriaga, o poder embriaga, o dinheiro embriaga, entre outras coisas —, e, então, passamos a agir sob a influência do "vinho ruim": mata-se por dinheiro, briga-se por um palmo de terra, famílias se autodestroem pelas disputas de herança. É a embriaguez causada pelo vinho de baixa qualidade oferecido pelo mundo, adulterado, falsificado, contaminado. Jesus Se oferece como o vinho bom, autêntico e novo, o vinho da alegria messiânica, o vinho que nos embriaga no Espírito Santo.

Não se trata de beber até ficar com a língua enrolada e perder a noção das coisas, mas sim de inebriar-se de Jesus Cristo e do Seu Espírito Santo. Em Pentecostes, o Espírito Santo desceu sobre Maria e os apóstolos, no Cenáculo; todos ficaram repletos do seu poder e começaram a falar em vários idiomas, anunciando cada qual em sua língua materna as maravilhas de Deus. Alguns diziam: "Eles estão embriagados com vinho doce" (cf. Atos 2,1-13). É a essa embriaguez do Espírito Santo que me refiro. A presença de Jesus e do Espírito Santo embriaga e alegra o coração.

Eram seis talhas de aproximadamente cem litros, o que correspondia a cerca de seiscentos litros de vinho, e o exagero na quantidade nos dá a noção da abundância do Espírito Santo: esta, sim, é uma festa sem fim. São bodas que podem durar infinitamente. O dia nasce, a noite cai e o vinho não falta, porque Jesus está presente. Podemos festejar nas bodas em que Jesus é o esposo. Quando nossa alma é desposada por Ele a festa nunca acaba e há fartura para todos.

Por outro lado, a vida dominada por vaidades, ilusão e falsidade faz o coração endurecer. Quando me perguntam por que muitos lares não têm mais alegria e felicidade, respondo sempre que os corações estão endurecidos, embriagados por sentimentos negativos. Embora as pessoas estejam reunidas em um mesmo local, olham para horizontes diferentes. Limpam-se todos os dias, mas apenas por fora ao tomarem banho, e não eliminam a "craca" que está dentro delas. Usam perfume, mas acumulam sujeira internamente.

Não encontramos a felicidade porque não tiramos a embriaguez do mundo transformando a água em vinho. Somente dessa forma é possível converter a tristeza em alegria, a desesperança em fé.

Costumo fazer uma pergunta simples: onde está a sua felicidade?

Para aqueles que citam bens materiais, faço questão de lembrar-lhes que os ladrões os roubam e as traças os corroem. Quem menciona a saúde precisa ter consciência de que um dia as limitações físicas prevalecerão. Muitos se apegam ao cônjuge, aos filhos, à família. Ótimo! Mas, ainda é pouco, afinal as pessoas são falíveis e podem provocar decepções.

Tudo aquilo de que tentamos nos apropriar escapa, passa. Por exemplo, ninguém consegue ter controle sobre o tempo, nem mesmo por um único instante; é só tentar e ele já se foi.

A esta altura você já deve ter decifrado o enigma. Se a vida é tão cheia de altos e baixos, e nada dura para sempre, a felicidade deve estar naquilo que ninguém pode nos tirar.

Gosto de citar o exemplo de um frade franciscano conhecido como São Maximiliano Kolbe, porque ele nos mostra que, mesmo quando a vida nos tira tudo, ainda podemos encontrar em Deus a alegria.

Em plena Segunda Guerra Mundial ele assumiu o lugar de um prisioneiro em um dos campos de concentração nazistas de Auschwitz. Apesar de todos os reveses, não se deu por vencido. Seu amor por Jesus era tão grande que, mesmo impossibilitado de celebrar a Santa Missa, não hesitava em encontrar meios para fazê-lo. Muitas vezes chegou a abrir mão de seu alimento — um pedaço de pão —, o qual abençoava e compartilhava com cada um dos prisioneiros de sua cela como símbolo do Sacramento da Comunhão. Fazia isso porque encontrou a felicidade em Jesus, e não havia nada que pudesse abalá-la.

O mesmo vale para todas as pessoas: só existe uma felicidade completa e absoluta, e ela se chama *Jesus Cristo*. Realização profissional, casamento e família não são a fonte, e sim o fruto de uma felicidade que começa muito antes, no amor a Deus.

O amor humano é baseado em emoções e sentimentos que podem mudar de uma hora para outra, por isso é inconstante. É também condicional, porque amamos esperando ser amados. Amamos aqueles que nos são agradáveis e nos fazem sentir bem. Já o amor de Deus por nós é incondicional; ainda que estejamos completamente errados, Deus não diz: "Mude de vida que eu vou aceitá-lo e amá-lo." Ele nos ama do jeito que somos ou estamos, e as mudanças operadas em nós quando temos uma experiência com Deus revelado em Jesus Cristo são consequência desse amor. Amamos a Deus "porque Deus nos amou primeiro" (1João 4,19). Muitas pessoas não conseguem vivenciar esse amor e passam a vida insatisfeitas e infelizes.

Nosso Senhor Jesus Cristo, no Horto das Oliveiras, disse: "Minha alma está numa tristeza mortal" (cf. Mateus 26,38), mas Ele enfrentou a cruz porque Sua felicidade era Deus.

Por isso João foi muito sábio ao nos apresentar o maior dos milagres em primeiro lugar: porque ele nos fala sobre parar de buscar a embriaguez do mundo e buscar a embriaguez do Espírito Santo.

Em uma queima de fogos o início é reservado para os mais simples, enquanto os melhores ficam para o final a fim de prender a atenção da plateia. São João fez justamente o contrário. Apresentou o mais significativo logo de cara: a transformação da água em vinho que cura o coração.

Todos nós temos que passar pelo processo de esvaziar o que há de mau dentro de nós para, só então, enchermos de novo esse espaço com o "vinho bom".

Uma pessoa sem Jesus é como uma festa sem vinho, um casamento sem amor. Uma alma sem Deus é uma tristeza permanente.

Se Jesus estava naquele casamento provavelmente foi convidado, e o erro da maioria dos casais é não convidá-Lo para fazer parte da sua vida, da sua casa. Jesus quer participar do nosso cotidiano, mas não viola nossa vontade: "Eis que estou à porta e bato; se alguém ouvir a minha voz e abrir a porta, entrarei em sua casa, cearei com ele e ele comigo" (Apocalipse 3,20).

Maria também era convidada, e é inevitável falar sobre o seu papel neste milagre. Ela deveria ter parentesco e certa intimidade com os noivos para perceber que na despensa faltava vinho. Nossa Senhora nada podia fazer, mas sabia que Jesus, seu Filho, sim. Ele é o centro e o autor da graça. Então ela foi até o Filho e intercedeu.

Também devemos ser íntimos de Nossa Senhora o suficiente para que ela veja em nossa dispensa qual vinho está faltando e faça o pedido ao seu Filho:

"Meu Filho Jesus, este jovem é dependente das drogas por não ter mais o vinho da esperança que regenera."

"Meu Filho Jesus, este casal não se entende por não ter mais o vinho do respeito e do amor que reconstrói."

"Meu Filho Jesus, esta família está atolada em mágoas, desconfiança e desentendimento por não ter mais o vinho do perdão."

Peçamos todos a Nossa Senhora para que veja o que está faltando em nossa vida e consiga de Jesus o melhor vinho que Ele tem para nós. Porém, não podemos esquecer do que Nossa Senhora recomenda: "Façam o que Ele mandar."

Para meditar

✓ Onde tenho buscado a alegria e a felicidade para viver?

✓ O que precisa ser transformado em "vinho novo" na minha vida?

✓ Estou disposto(a) a esvaziar-me do que é mau em mim?

✓ Compreendo que Jesus é a felicidade única e plena ou a estou buscando nas coisas do mundo?

Para rezar

Salmo 4

Ant.: Transformai minha água em vinho, fazei de mim um homem novo!

2 Quando eu chamo, respondei-me, ó meu Deus, minha justiça!
Vós que soubestes aliviar-me nos momentos de aflição,
atendei-me por piedade e escutai minha oração!

3 Filhos dos homens, até quando fechareis o coração?
Por que amais a ilusão e procurais a falsidade?
4 Compreendei que nosso Deus faz maravilhas por seu servo,
e que o Senhor me ouvirá quando lhe faço a minha prece!

5 Se ficardes revoltados, não pequeis por vossa ira;
meditai nos vossos leitos e calai o coração!

6 Sacrificai o que é justo, e ao Senhor oferecei-o;
confiai sempre no Senhor, ele é a única esperança!
7 Muitos há que se perguntam: "Quem nos dá felicidade?"
Sobre nós fazei brilhar o esplendor de vossa face!

8 Vós me destes, ó Senhor, mais alegria ao coração
do que a outros na fartura do seu trigo e vinho novo.

9 Eu tranquilo vou deitar-me e na paz logo adormeço,
pois só vós, ó Senhor Deus, dais segurança à minha vida!

Glória ao Pai, e ao Filho, e ao Espírito Santo.
Como era no princípio, agora e sempre. Amém.

Oração

Senhor, tira de mim o coração endurecido pelas vaidades,
embriagado na mentira, embriagado na fascinação.
Dá-me um coração novo.
Não permitas, Senhor, que eu me preocupe
só com a sujeira externa.
Purifica meu interior,
transforma a tristeza em alegria,
a desesperança em fé.
Só Tu, Senhor, me fazes viver tranquilo.
Quando Te invoco, Senhor, Tu me respondes.
És quem põe em meu coração mais alegria.
Feliz é quem compreende que só em Ti se encontra a paz,
só em Ti se encontra o amor.
Senhor, transforma minha água em vinho,
faze de mim uma nova criatura.
Amém.

Segundo milagre:

SENHOR, TEM COMPAIXÃO, CURA NOSSAS "LEPRAS"

Vivemos numa sociedade globalizada, individualista e capitalista. Uma sociedade que cada vez exige mais. Mais conhecimento, mais tecnologia, mais informações, mais pressa, mais corre-corre. Tudo isso é necessário para o crescimento econômico e o "progresso", contudo também é a origem de uma sociedade "doente". Não se trata somente das doenças do corpo, mas também do mal-estar generalizado com que convivemos diariamente e tem gerado todo tipo de conflito.

Estamos tão envolvidos na resolução desses conflitos ou em "apagar pequenos incêndios", como se diz por aí, que deixamos de nos preocupar com o que realmente importa. Isolamo-nos em nosso próprio "eu", rotulando os outros e nos achando superiores. Muitas vezes levantamos muros de isolamento dentro de nossa própria família, em razão de desavenças, orgulho, preconceito, egoísmo e vaidade. Somos progressivamente corroídos por mágoas, ressentimentos e ódio, como uma lepra que destrói nossa alma. Se o índice usado para medir a riqueza dos países fosse o nível de tolerância e perdão, dificilmente haveria abastados no mundo.

É uma realidade tão drástica que acreditamos ser *humanamente* impossível modificá-la. Percebam que destaquei propositadamente a palavra "humanamente". A razão é simples: somos limitados em nossa condição humana, isso é inquestionável. Mas, e quando estamos *em Deus*, há alguma causa impossível?

Todos nós sabemos que perante o Deus do impossível não há barreira que se mantenha de pé; não obstante, vale a pena entender melhor como a compaixão e a misericórdia divinas podem sanar em nós o que nos fere e nos machuca, por meio do exemplo dos dez leprosos:

> Como Jesus se encaminhasse para Jerusalém, passava através da Samaria e da Galileia.
>
> Ao entrar num povoado, dez leprosos vieram-lhe ao encontro. Pararam a distância e clamaram: "Jesus, Mestre, tem compaixão de nós!"
>
> Vendo-os, Jesus lhes disse: "Ide mostrar-vos aos sacerdotes."
>
> E aconteceu que, enquanto iam, ficaram purificados. Um dentre eles, vendo-se curado, voltou atrás, glorificando a Deus em alta voz, e lançou-se aos pés de Jesus com o rosto por terra, agradecendo-lhe. Pois bem, era samaritano.
>
> Tomando a palavra, Jesus lhe disse: "Os dez não ficaram purificados? Onde estão os outros nove?

Não ouve, acaso, quem voltasse para dar glória a Deus senão este estrangeiro?"

Em seguida, disse-lhe: "Levanta-te e vai; a tua fé te salvou."

Lucas 17,11-17

Segundo o relato, Jesus estava a caminho de Jerusalém, lugar de Sua entrega na Cruz, e passava entre as regiões de Samaria e Galileia. Devido à grande hostilidade entre judeus e samaritanos, não era comum, naquele tempo, que os primeiros se arriscassem a adentrar os domínios de Samaria; mas Jesus sempre agira de modo diferente, afinal, Ele, o Messias, viera a este mundo para acolher todos os povos.

Foi justamente nessa região que Nosso Senhor encontrou os dez leprosos. Era um período em que ainda não havia tratamento para a lepra e os doentes viviam em situação de total marginalidade. Os declarados leprosos portavam um sino que os identificava e sua aparência repugnante era um grande estigma. Andavam maltrapilhos, com roupas rasgadas, despenteados, barbudos, e gritavam: "Impuro! Impuro!" (cf. Levítico 13,45).

O risco de contágio fazia com que fossem afastados da sociedade e do convívio familiar, passando a habitar cavernas nos arredores das cidades. Como a cura não existia, a doença era tida como uma espécie de maldição que se abatia sobre o doente, cabendo-lhe morrer à míngua, com o corpo apodrecendo, pois acreditava-se que Deus o estava castigando por seus pecados. O isolamento em grupos era uma imposição, e quem se aproximasse deles, mesmo sem tocá-los, acabava sendo considerado impuro.

Essa era a realidade daqueles dez leprosos que foram ao encontro de Jesus. Pararam ao longe, como era costume. Contudo, algo surpreendentemente novo aconteceu: em vez de gritarem "Impuro!", suplicaram: "Jesus, Mestre, tem compaixão de nós!"

Aqueles dez leprosos não tinham ninguém por eles, mas sabiam que estavam diante de alguém que realmente podia ajudá-los.

Embora Jesus estivesse em Samaria, o texto afirma que apenas um deles era samaritano, portanto, provavelmente os demais deveriam ser judeus ou doentes de outras nacionalidades. Esse fato é muito significativo porque mostra que as diferenças entre os integrantes daquele grupo haviam sido superadas. Costumo dizer que a doença não faz distinção de raça, classe social ou crença religiosa. Quando as condições de vida são favoráveis é comum as pessoas agirem com arrogância e até desprezo pelas dificuldades do próximo; por outro lado, basta um revés na saúde para o "salto quebrar", o "nariz abaixar".

Esta é justamente a primeira lição que podemos tirar do fato de a reverência a Jesus ter partido de um samaritano, entre nove outros enfermos de nacionalidades diferentes: todos somos vulneráveis, não importa as características inatas ou adquiridas por cada um, e quando ficamos doentes esquecemos que o outro é diferente. Mais do que nos aproximar, a doença nos iguala.

Quebrando paradigmas, Jesus encontrou dez leprosos que pediram a Ele compaixão. À primeira vista, Sua resposta pode até parecer um tanto insensível, recomendando que se apresentassem ao sacerdote. Na verdade, Jesus evocava uma antiga lei:

> Quando alguém tiver na pele uma inflamação, um furúnculo ou qualquer mancha que produza suspeita de lepra, será levado diante do sacerdote Aarão ou de um dos seus filhos sacerdotes. O sacerdote examinará a parte afetada. Se no lugar doente o pelo se tornou branco e a doença ficou mais profunda na pele, é caso de lepra. Depois de examiná-lo, o sacerdote o declarará impuro. Mas, se há sobre a pele uma mancha branca, sem depressão visível da pele, e o pelo não se tornou branco, o sacerdote isolará o doente durante sete dias. No sétimo dia examinará de novo o doente: se observar que a doença permanece sem se espalhar pela pele, tornará a isolá-lo por mais sete dias; no sétimo dia, o examinará de novo. Se, então, verificar que a mancha não ficou mais branca e não se espalhou pela

pele, o sacerdote declarará puro o homem, pois se trata de um furúnculo. A pessoa lavará sua roupa e ficará pura.

Levítico 13,2-6

A princípio, os leprosos seguiram sem indício de terem sido atendidos, mas no meio do caminho perceberam que estavam curados. Eis aqui a segunda lição: obediência. Eles obedeceram a ordem de Jesus sem contestar ou insistir novamente. Primeiro, a fé; depois, a cura. Isso é muito importante porque, em geral, nós não agimos assim: queremos a cura instantânea para crer.

Ao contrário, ter fé é caminhar na cegueira das provas humanas. Jesus não lhes deu nenhuma garantia de que seriam curados; eles tiveram de seguir, e a graça de Deus os curou. Quantas pessoas você conhece que agem com a serenidade dos leprosos? Não raro, queremos inverter a ordem: primeiro, a graça, o milagre, para, só então, termos fé. Ou seja, estamos sempre pedindo provas, o que deixa transparecer nossas falhas e limitações. Para muitos pode parecer fanatismo caminhar sem medo, mas agir assim é um ato de fé incondicional em Deus.

Eu não me canso de contar a história do alpinista que estava escalando uma montanha e se perdeu quando começou a nevar. O tempo fechou completamente, a noite chegou e ele não enxergava mais nada, nem o céu, nem as estrelas, e não tinha a menor noção de onde estava. Preocupado, resolveu voltar. Segurando na corda, começou, mesmo às escuras, a descer desfiladeiro abaixo. Foram horas e horas intermináveis de esforço sobre-humano na tentativa de salvar a própria vida. O vento congelante castigava a pele.

Logo o desespero tomou conta dele, pois, se não saísse da neve, a morte era certa. Lembrou, então, de recorrer a Deus, com quem há muito tempo não dialogava. Quase sem forças, suplicou: "Senhor, não me deixes morrer nesta nevasca. Senhor, ajuda-me, salva-me!" Uma voz respondeu: "Solte a corda, jogue-se!" Sem acatar a recomendação, continuou a descer. O coração já estava prestes a parar e, mais uma vez, pediu: "Deus, ajuda-me, salva-me!" E novamente escutou: "Solte a corda, jogue-se!" Como ele não reagia, ainda uma terceira vez a voz insistiu: "Solte a corda, jogue-se!" No dia seguinte, uma equipe de resgate o encontrou a poucos palmos do chão, congelado e agarrado à corda.

O alpinista não teve coragem de obedecer a voz. Será que Deus falhou? Não escutou a oração? Não! Faltou fé.

Os leprosos não ficaram olhando uns para os outros e dizendo: "Eu ainda estou leproso! Vocês também, Ele não fez nada!" Aqueles homens não ficaram em dúvida. Jesus disse "Vão", e eles foram. Isso é fé. É o que nos falta!

Às vezes, sentimo-nos agredidos e abandonados à própria sorte, à mercê das "lepras" com que a vida nos atinge. Em outros momentos, agimos como o alpinista e pensamos: "Eu rezei na frente do Santíssimo, fui à missa e clamei, mas Deus não fez nada."

No fundo, será que não fomos descrentes ou minimamente céticos a ponto de plantar dúvidas onde deveria existir apenas certezas? "Vá! Solte a corda e jogue-se, serei sua cura e sua salvação!" Isso é o que Deus diz, mas quantas vezes estamos a poucos metros da vitória e desistimos? Tudo conspira a favor do recebimento da graça almejada, mas recuamos, quase sempre por não termos coragem de nos desprender de nossos medos e nos abandonarmos em Deus. É preciso aprender a confiar e a agir conforme o que Ele nos pede. Tenhamos fé, porque essa atitude por si só já constitui um verdadeiro milagre.

Ao mandar os leprosos se apresentarem ao sacerdote, mais do que lembrar a Lei, Jesus os estava testando. A questão principal era saber realmente o que Jesus significava na vida deles. O texto segue informando que no caminhar para Jerusalém os dez foram curados. Relata ainda que, ao perceberem isso, só um deles voltou, justamente o que era samaritano. A rigor, os outros cumpriram a ordem de Jesus e o samaritano O desobedeceu ao voltar atrás e se jogar aos Seus pés dando glórias a Deus.

Mas isso se torna irrelevante diante da grande revelação: a fonte de graça e misericórdia era Jesus e não o sacerdote ou o templo. O ex leproso se deu conta de que não havia dúvida sobre a cura e não precisava de nenhuma confirmação. De fato, a lepra havia desaparecido e não fora da antiga lei que viera a cura tão esperada. Portanto, não havia necessidade de passar pela inspeção do sacerdote e cumprir o rito de purificação determinado pela antiga lei. Ele percebeu que o fim do sofrimento resultara da compaixão do Mestre galileu ao escutar o grito que Lhe fora feito: "Jesus, Mestre, tem compaixão de nós!" O milagre interveio na natureza, a fé mudou os desígnios humanos e, por isso, ele voltou para agradecer.

Outro aspecto fundamental desse milagre de Jesus é que dez foram curados e apenas um foi salvo. Qual a diferença? Por que recebeu esse privilégio?

Vale reforçar que enquanto os demais agraciados foram atrás da cura física, o samaritano se deu conta de que a lei vigente nada mais tinha a oferecer, pois em Jesus estava a fonte da vida eterna. Isso leva a um questionamento inevitável: será que não estamos atrás de curas, esquecendo que antes é preciso buscar ser curado e salvo em Jesus Cristo?

Façamos um simples cálculo, considerando que dez foram curados e somente um foi salvo. Em nossas orações, quantas vezes pedimos cura e com que frequência pedimos a salvação? Na igreja ou num grupo de oração, estamos presentes para louvar ou só para pedir? A desproporção nessa conta sugere que algo está muito errado.

Agradecer e louvar a Deus, como fez o samaritano, não é só uma forma de demonstrar gratidão Àquele que tudo provê, mas de potencializar a graça recebida e fazê-la agir ainda mais sobre nós. Uma das formas de combater a baixa autoestima, por exemplo, é exercitando mais o louvor, pois quando agradecemos a Deus pelas mínimas coisas que possuímos, automaticamente percebemos que quase sempre temos mais que o suficiente para viver.

Mais importante do que este milagre em si é o ensinamento que podemos tirar dele: fé, obediência, gratidão.

Nossa vida é determinada pelas oportunidades aproveitadas ou desprezadas. A obediência é demonstração de fé, por isso não adianta nada dizer "Eu creio, Senhor", mas ficar parado. Lembremo-nos de que muitas vezes o Senhor se vale da nossa colaboração para agir, como no caso dos leprosos, que, só depois de se colocarem a caminho, ficaram curados.

Neste momento da sua vida qual é a "lepra" que você quer pedir para Jesus curar? Cada pessoa tem uma ou, quem sabe, várias.

Sem dúvida, trata-se de um milagre extraordinário, porém na maioria das vezes Deus age de forma simples. Quando conseguimos perdoar alguém, por exemplo, estamos sendo curados de uma ferida. O mesmo vale para a superação de uma grande mágoa, a libertação dos vícios, o enfrentamento dos medos, a conversão do egoísmo em altruísmo. É o milagre acontecendo.

Às vezes esperamos por reviravoltas cinematográficas, enquanto o Senhor simplesmente diz: "Obedeça e tenha fé." Nos casos de doenças graves, Ele age por meio do conhecimento dos médicos e, durante o tratamento, "quando estamos no caminho", ficamos curados. No médico certo, no medicamento prescrito está a mão de Deus.

Apesar disso, dificilmente nos lembramos de agradecer e raras vezes interrompemos o que estamos fazendo para sequer pensar em tudo o que a Providência Divina nos concede. Comece por mudar essa atitude em sua vida. Quando voltou para agradecer, o samaritano ganhou um presente muito maior. Assim também nós, em nossa gratidão a Deus, não apenas ficamos curados, como também somos salvos.

Para meditar

✓ Por que "lepras" devo recorrer a Jesus para que me cure?

✓ Em minhas orações, lembro em primeiro lugar de agradecer por tudo o que a bondade de Deus me concede?

✓ Colaboro com Deus, sendo obediente à Sua Palavra, para que a cura aconteça em minha vida?

Para rezar

Salmo 150

Ant.: Louvai o Senhor Deus, por seus feitos grandiosos!

1 Louvai o Senhor Deus no santuário,
louvai-o no alto céu de seu poder!

2 Louvai-o por seus feitos grandiosos,
louvai-o em sua grandeza majestosa!

3 Louvai-o com o toque da trombeta,
louvai-o com a harpa e com a cítara!
4 Louvai-o com a dança e o tambor,
louvai-o com as cordas e as flautas!

5 Louvai-o com os címbalos sonoros,
louvai-o com os címbalos de júbilo!
Louve a Deus tudo o que vive e que respira,
tudo cante os louvores do Senhor!

Glória ao Pai, e ao Filho, e ao Espírito Santo.
Como era no princípio, agora e sempre. Amém.

Oração

Ó Senhor, meu Deus, quantas obras,
quantas maravilhas operadas por Tuas mãos!
Ah! Senhor, na minha história pessoal,
quantas vezes Tua mão me salvou,
quando já me sentia derrotado e aprisionado.
Tu, Senhor, me defendeste, me fizeste renascer.
Não foram minhas próprias forças,
foi a Tua graça, Senhor, que me levantou.
Tua graça que me fortaleceu, me reanimou e me curou.
Foi a luz da Tua face que, agindo em mim, me resgatou,
não porque eu merecia, mas porque me amavas.
Ó Deus, meus olhos viram, meus ouvidos escutaram
as maravilhas que manifestaste no meio do Teu povo,
com tantas graças, com tantas bênçãos.
Eu Te louvo e Te glorifico, Senhor, meu Deus.
Amém.

Terceiro milagre:

SENHOR, LIVRA-NOS DO MALIGNO

Desde a Criação, o ser humano tem de enfrentar seduções e tentações do Diabo (cf. Gênesis 3,1ss). Basicamente, são três as tentações mais conhecidas: a da riqueza (valorização dos bens materiais acima dos espirituais), a do poder (fascinação por dominar tudo e todos) e a do orgulho (desejo de ser superior e de colocar até mesmo Deus à prova.

Lembremos que o próprio Jesus sofreu essas tentações e as venceu (cf. Mateus 4,1-11). A tentação de Jesus manifesta a maneira própria que o Filho de Deus tem de ser o Messias, ao contrário da que Lhe propõe Satanás e que os homens desejam atribuir-Lhe. É por isso que Cristo venceu o tentador por nós (cf. CIC §540). Não por ser divino, pois Ele foi tentado na sua condição humana, e sim porque estava cheio do Espírito Santo e fez a experiência do amor incondicional do Pai em toda a sua plenitude e totalidade.

É nesse ponto que a humanidade falha, pois não temos consciência da magnitude desse amor por nós, não buscamos experimentar a presença de Deus, não pedimos a força do Espírito Santo, e sucumbimos a essas tentações com as quais nos deparamos.

O ser humano tornou-se hedonista (vive em busca do prazer) e narcisista (considera que amar somente a si mesmo é o suficiente). Isso o distancia de Deus e o impede de reconhecer o senhorio de Jesus.

Infelizmente, temos tendência ao pecado. Deixamo-nos seduzir por tudo o que nos atrai. Trazemos dentro de nós o bem e o mal, um cordeirinho e um monstro, e o que vai aflorar é o que mais alimentarmos, por isso devemos estar abastecidos em Deus e fortalecidos em Jesus.

No trecho do Evangelho que segue, o próprio Diabo dá testemunho do milagre operado por Jesus ao libertar e salvar um homem endemoninhado:

> Jesus e seus discípulos chegaram do outro lado do mar, à região dos gerasenos. Logo que Jesus desceu do barco, caminhou ao seu encontro, vindo dos túmulos, um homem possuído por um espirito impuro: habitava no meio das tumbas e ninguém podia dominá-lo, nem mesmo com correntes.
>
> Muitas vezes já o haviam prendido com grilhões e algemas, mas ele arrebentava os grilhões e estraçalhava as correntes, e ninguém conseguia subjugá-lo. E, sem descanso, noite e dia, perambulava pelas tumbas e pelas montanhas, dando gritos e ferindo-se com pedras.

Ao ver Jesus de longe correu e prostrou-se diante dele, clamando em alta voz: "Que queres de mim, Jesus, filho do Deus altíssimo? Conjuro-te por Deus que não me atormentes!"

Com efeito, Jesus lhe disse: "Sai deste homem, espirito imundo!" E perguntou-lhe: "Qual é o teu nome?"

Respondeu: "Legião é meu nome, porque somos muitos." E rogava-lhe insistentemente que não os mandasse para fora daquela região.

Ora, havia ali, pastando na montanha, uma grande manada de porcos. Rogavam-lhe, então, os espíritos impuros dizendo: "Manda-nos para os porcos, para que entremos neles."

Ele o permitiu. E os espíritos saíram, entraram nos porcos e a manada — cerca de dois mil — se arrojou no precipício abaixo, e se afogavam no mar.

Os que os apascentavam fugiram e contaram o fato na cidade e nos campos. E as pessoas acorreram a ver o que havia acontecido. Foram até Jesus e viram o endemoninhado sentado, vestido e em são juízo, aquele mesmo que tivera a Legião. E ficaram com medo. As testemunhas contaram-lhes o que acontecera com o endemoninhado e o que houve com os porcos. Começaram então a rogar-lhe que se afastasse do seu território.

Quando entrou no barco, aquele que fora endemoninhado rogou-lhe que o deixasse ficar com ele. Ele não deixou, e disse-lhe: "Vai para tua casa e para os teus e anuncia-lhes o que fez por ti o Senhor na sua misericórdia."

Então ele partiu e começou a proclamar na Decápole o quanto Jesus fizera por ele. E todos ficaram espantados.

Marcos 5,1-19

O texto relata a visita de Jesus à região dos "gerasenos" ou "gadarenos", esta última uma expressão usada por Mateus. Era uma região pagã, sob influência de cultos romanos, que naquele tempo integrava a chamada Decápolis, grupo de dez cidades de origem grega.

Na cultura judaica não é permitido criar porcos e alimentar-se de sua carne, porque esses animais são considerados impuros. No entanto, os habitantes locais eram pagãos e mantinham uma manada de aproximadamente 2 mil animais.

Vale lembrar que cruzar as fronteiras de Gadara era uma atitude mal vista pela comunidade judaica e motivo de um falatório ainda maior do que passar por Samaria, conforme vimos no capítulo sobre o segundo milagre. No entanto, Jesus não se intimidou diante dessas restrições, o que me faz lembrar da exortação feita pelo Papa Francisco aos participantes da 10ª Assembleia Geral do Conselho Mundial de Igrejas, recomendando que avancem pelas "periferias existenciais". De fato, Jesus foi o primeiro a fazê-lo ao transitar por tais regiões.

Retomando a história, quando desembarcou, Jesus se deparou com um morador possesso. O texto de Marcos conta de uma forma bastante triste que ele vivia entre os túmulos. Não existiam cemitérios como os atuais, e os corpos eram colocados em sepulcros cavados nas pedras; então o homem vivia nessas "cavernas".

Muitas pessoas minimizam a capacidade de atuação do mal; outras lhe atribuem uma força extrema. Ambas as posições estão equivocadas. Isso porque o Inimigo existe, sim, e seu objetivo é enfraquecer a nossa fé e nos separar de Deus. Por outro lado, seu poder é bastante limitado, afinal esse foi um dos benefícios alcançados pelo Sangue de Jesus derramado na Cruz. O Catecismo da Igreja Católica (§1708) ensina: "Por Sua Paixão, Cristo livrou-nos de Satanás e do pecado. Ele nos mereceu a vida nova no Espírito Santo. Sua graça restaura o que o pecado deteriorou em nós".

Segundo Santo Tomás de Aquino, no sermão "E não nos deixeis cair em tentação" (81-84), o homem é tentado pela própria carne, pelo Diabo e pelo mundo.

> Como e por quem é o homem tentado?
>
> A carne tenta o homem de dois modos.

Primeiro, instigando o homem para o mal, pela procura dos gozos carnais, que são sempre ocasião de pecado [...].

Em segundo lugar, a carne nos tenta, desviando-nos do bem. Pois o espírito, por si mesmo, se deleita sempre com os bens espirituais; mas o peso da carne entrava o espírito [...].

Ora, uma vez a carne dominada, outro Inimigo aparece, o Diabo, contra quem é enorme nossa luta. [...] O Diabo age astutamente nas tentações. Assim como um general de exército, que sitia uma fortaleza, considera os pontos fracos que quer atacar, o Diabo considera onde o homem é mais fraco para aí tentá-lo. E por isso tenta-o nos vícios a que o homem, subjugado pela carne, é mais inclinado, como o vício da ira, da soberba e outros vícios espirituais [...].

O mundo, por sua vez, nos tenta de duas maneiras. Em primeiro lugar, por um desejo desmesurado das coisas temporais. "A cupidez é raiz de todos os males" (1Timóteo 6,10), diz o Apóstolo.

Em segundo lugar, o mundo nos incita ao mal por medo das perseguições e dos tiranos. Estamos envolvidos pelas trevas (João 3,19). "Pois todos os que quiserem viver piamente em Cristo Jesus sofrerão perseguição" (2Timóteo 3,12), escreve São Paulo. E o Senhor recomenda a seus discípulos: "Não temais os que matam o corpo" (Mateus 10,28).

Ainda sobre a forma de agir do Inimigo, padre Gabriele Amorth, exorcista da Diocese de Roma, em seu livro *Um exorcista conta-nos*, escreve que há também a ação nefasta extraordinária de Satanás, isto é, aquela que Deus lhe consente somente em determinados casos.

De acordo com o estudioso, a ação do Inimigo pode assumir cinco formas:

Sofrimentos físicos. Estes são os fenômenos sobre os quais tomamos conhecimento na vida de diversos santos, como São Paulo da Cruz, São Pio de Pietrelcina, São João Maria Vianney e Santa Tereza D'Ávila, entre outros, os quais foram feridos e flagelados por demônios.

Possessão diabólica. Trata-se do tipo de tormento mais grave, que surge quando o Demônio toma posse de um corpo (não de uma alma), fazendo-o agir ou falar como ele quer, não podendo a vítima resistir e não sendo moralmente responsável por isso. Essa forma de ação, que inclui falar línguas desconhecidas, demonstrar força sobre-humana, revelar segredos, costuma ser retratada em produções cinematográficas, como no filme *O exorcista*. No Evangelho, encontramos o exemplo do homem possesso de Gadara. Vale ressaltar que existe uma gama variada de possessões, com diferenças quanto à sua gravidade e aos seus sintomas.

Vexação diabólica. São distúrbios e doenças graves ou moderados que, embora não cheguem à possessão, ocasionam perda de consciência, acompanhadas de atos ou de articulação de palavras pelos quais a vítima não é responsável.

A Bíblia fornece alguns exemplos. Jó, por exemplo, não era vítima de possessão diabólica, mas seus filhos, seus bens e sua saúde foram duramente afetados. Da mesma forma, a mulher encurvada e o surdo-mudo curados por Jesus não padeciam de possessão diabólica total, mas a influência de um demônio estava na origem dos seus problemas físicos.

São Paulo Apóstolo, por sua vez, também era vítima de uma vexação diabólica que consistia num distúrbio maléfico: "E para que a grandeza das revelações me não enobrecessem, foi-me dado um espinho na carne, um anjo de Satanás para me esbofetear" (2Coríntios 12,7). Tratava-se, possivelmente, de um mal físico, mas não há dúvidas de que sua origem era maléfica.

Obsessão diabólica. Diz respeito a ataques inesperados, por vezes contínuos, de pensamentos obsessivos, os quais podem atingir os níveis mais altos de irracionalidade. Neste caso, a ação do Inimigo consiste em incutir pensamentos ruins, como de vingança, ódio, ganância, medo. Por não conseguir libertar-se, a pessoa vive num contínuo estado de prostração, desespero e até propensão ao suicídio.

Infestações diabólicas. São ocorrências de grande prejuízo que atingem animais, objetos e lugares, como casas, prédios, plantações.

Poucas pessoas se dão conta, mas o Diabo é dotado de inteligência angelical, pois se trata de um anjo que decaiu, chamado Lúcifer. Também possui o dom da ciência e capacidade analítica extrema, por isso consegue identificar nossas inclinações e fraquezas, e as usa contra nós. Mas por que Deus permite que isso aconteça?

Na verdade, nós somos um campo, no qual Deus age como um semeador do bem. Sabe aquele ditado que diz "em se plantando tudo dá"? Pois é, somos um terreno fértil para o bem, mas também para o mal, cabendo-nos decidir o que irá vingar em nosso solo. Enquanto Deus planta a Palavra, o Inimigo tenta infiltrar o mal. Então, nós é que devemos dar a resposta sobre qual das duas sementes irá florescer.

Uma coisa interessante é que quanto mais perto ficamos de Deus mais incomodamos o "capeta". São João Maria Vianney, citado como exemplo de sofrimento físico, comprova essa tese, pois durante a noite o Diabo não o deixava dormir, chegando a atear fogo às palhas de seu colchão. Já Santa Tereza D'Ávila era arranhada por ele, que agia como se fosse um gato. Outros santos também tiveram que travar combates por estarem próximos de Deus. A palavra "diabo" origina-se do grego *diabolon*, que significa divisão, oposição.

Como já explicamos: o Inimigo quer nos dividir e nos afastar de Deus, da luz divina, por isso costuma cobrir-nos com o véu da tristeza, do desânimo, da preguiça, do comodismo e de tudo o mais que nos mantenha no escuro.

Um ditado diz que "a ocasião faz o ladrão", o que faz sentido, porque, uma vez prisioneiros nesse cenário de escuridão, somos assolados por pensamentos ruins até que... sucumbimos. Perceba que coloquei as reticências aqui de forma proposital, se possível gostaria de desenhá-las como três pedras bem grandes no meio do caminho. Sim, porque entre o "estar" e o "fazer" há uma certa distância, que nós transpomos por nossa conta. A palavra "obsessão" dá uma ideia do que isso significa. Existe um determinado momento em que o que era apenas uma manifestação de um desejo maléfico se transforma em uma obsessão. Ficamos obcecados e, por fim, sucumbimos praticando o mal.

É importante lembrar que o fato de se tratar de uma influência externa não nos exime da nossa responsabilidade. O Inimigo planta, sim, ninguém está tirando a culpa dele, mas quem rega somos nós. Por essa razão, no ato penitencial confessamos que pecamos por pensamentos, palavras e obras. Assim, temos que ficar sempre muito atentos ao nosso terreno interior, àquilo que está crescendo nesse campo. Se não nos preservarmos, o mal pode tomar conta de nós.

Sucumbir às tentações implica um alto preço a pagar, pois significa "vender a alma para o Diabo", literalmente. E não se engane atribuindo apenas aos grandes malfeitos e às maldades em larga escala, como o nazismo, a realização desse tipo de barganha com o Inimigo. Não. Essa barganha acontece diariamente, nos lugares mais próximos, debaixo do nosso teto. A pessoa que, para subir na vida, mostra-se capaz de prejudicar os próprios familiares, enganando, mentindo, traindo e, por fim, matando por dinheiro, é alguém cuja alma foi vendida para o Diabo. Parece assustador, mas infelizmente boa parte da humanidade hoje está nesse nível.

No outro extremo estão aqueles que se dedicam a combater o mal e lidam com represálias proporcionais ao seu esforço. Isso faz sentido. Na medida em que um opositor fraco pode ser combatido com um simples estilingue, aquele um pouco mais forte já requer o uso de uma arma de maior potência, e assim por diante. Quando fazemos uma grande oposição ao Diabo, certamente ele usará todas as suas armas contra nós. Justamente por isso é necessário rezar muito pedindo força e proteção para o Papa, os bispos e a Igreja como um todo em sua cruzada diária contra o mal.

É interessante observar que os casos de possessão do corpo são raríssimos, o que tem uma explicação bastante lógica. O Diabo não é bobo. Não gosta de mostrar o quanto é feio, o que se torna inevitável quando toma conta do corpo de um ser humano e o desfigura completamente. Por isso sua estratégia vai na direção oposta, ou seja, não quer mostrar de forma explícita o mal que pode causar a uma vida, caso contrário ninguém mais o seguirá.

De acordo com uma lenda antiga, o Diabo tinha os pés de pato e se disfarçava ora de um homem atraente para tentar as mulheres, ora de uma belíssima mulher para tentar os homens. Não se trata de acreditar ou não nessa história, o fato é que a analogia está correta: o Diabo sempre se disfarça de algo extremamente bom. A tentação nunca é feia, sem graça, sem sabor, desse modo não seria tentação, mas sim dissabor.

É verdade que a ciência avançou muito desde os tempos do relato de Marcos sobre o homem possesso até os dias atuais, e muitos insistem em atribuir esse tipo de incidente a um mal psíquico sobre o qual não havia informação naquela época. Contudo, reduzir a situação a isso é subestimar a ação do Inimigo. Além disso, as condições que o habitante de Gadara apresentava são idênticas às descritas em diversos outros relatos de possessão demoníaca. Ele não tinha mais família, nem vida social, e estava vivendo no cemitério. Note-se que nem mesmo o uso de algemas e correntes eram suficientes para dominá-lo, o que indica a existência de uma força sobre-humana agindo ali.

Interessante observar que, quando Jesus desembarca, o endemoninhado vem em sua direção e O chama de “Filho do Altíssimo", mostrando que O reconhecera prontamente. Pode parecer contraditório, mas, naquela terra de pagãos, era o único a acreditar em Deus e, portanto, a respeitá-Lo e a temê-Lo.

Quando Jesus pergunta o seu nome, ele responde ser Legião, e apesar de haver interpretações que sugerem uma associação entre o poder do mal e as legiões de soldados romanos, formadas por cerca de seis mil homens, a explicação mais recorrente nas Sagradas Escrituras é que o nome "Legião" indica não se tratar de apenas uma entidade, mas de muitas.

E mesmo com toda a sua força — os espíritos do mal ali presentes demonstravam estar muito enraizados no homem e na região —, reconheceram que não podiam lutar contra Jesus e pediu que Ele não os expulsasse daquela localidade. Poderiam ter pedido para permanecer no corpo do homem, mas mostraram-se mais preocupados em não deixar a região que estava sob seu domínio, razão pela qual se voltaram aos porcos. Jesus permitiu essa migração para o corpo dos animais, o que por si só deixa claro que o Inimigo não pode fazer nada sem a permissão de Deus e a nossa. Isso não significa que Deus quer que caiamos nas garras de Satanás; ao contrário, Sua intenção é trazer-nos para mais perto de Si, mas para isso temos de recusar as tentações do Diabo.

A tentação é uma forma de liberdade que Deus nos dá para optarmos por amá-Lo ou não. Se não fôssemos provados, se não tivéssemos essa possibilidade, que liberdade teríamos? Então, Deus permite, mas Ele é consultado. Conforme explicou Santo Antão: "Quem não tiver sido tentado não poderá entrar no Reino do Céu. Se suprimires a tentação, ninguém se salvará." Ainda segundo a mente do santo, as tentações são manifestamente uma condição para se entrar no Céu.

É através das tentações que o homem obtém um faro do Deus verdadeiro. Sem tentação o homem estaria no perigo de apoderar-se de Deus e torná-lo inofensivo e inócuo. Pela tentação, porém, o homem experimenta existencialmente a sua distância de Deus, sente a diferença entre o homem e Deus. O homem permanece em luta constante, enquanto Deus repousa em si mesmo. Deus é amor absoluto, enquanto o homem é continuamente tentado pelo Maligno.

Quanto aos porcos, por que o Diabo teria pedido para entrar neles? Por que eram sem valor? Não! Os porcos eram os animais mais abundantes e a fonte de renda para os moradores da região, resultando em muito prejuízo ao povo caso fossem destruídos. Mas a estratégia do Inimigo não para por aí e revela toda a sua astúcia. Ele sabia que ao verem o homem libertado pelo poder de Jesus, todos ficariam encantados e aceitariam a Sua palavra, então decidiu minar o poder de discernimento das pessoas causando um estrago naquilo em que davam mais valor: os bens materiais. Jesus escolheu o homem e expulsou o demônio; a cidade escolheu os porcos e expulsou Jesus.

Isso não quer dizer que o Diabo tenha enganado ou derrotado Jesus. Ao contrário, Cristo conhecia muito bem a astúcia do Inimigo e permitiu esse tipo de situação justamente para dar àquelas pessoas a chance de experimentarem o verdadeiro milagre de que trata esta história: a libertação das trevas e a conversão. Essa era a tomada de posição que os gerasenos poderiam ter assumido, a mesma que Deus nos oferece todos os dias; só depende de nós a operação desse milagre em nossa vida. Mas como no relato, o Inimigo é e sempre será ardiloso, por isso nunca será fácil vencê-lo. Conforme afirma o apóstolo Paulo: o homem velho tem que morrer a cada dia (cf. 2Coríntios 4,16ss).

Temos que aprender a ansiar pelas coisas do alto, as coisas de Deus, do Espírito Santo. Contudo muitas vezes ficamos atrás dos nossos "porcos" e abrimos mão da libertação e de Jesus. A presença de Jesus chegou a se mostrar incômoda na região dos gerasenos, que serve de simbologia para a nossa região interior. Não estamos possuídos na carne pelo mal, mas ainda estamos obcecados pelas tentações que ele nos apresenta.

E quanto mais nos debatemos, mais o Diabo tem satisfação em nos tentar. Uma "vista grossa" aqui, uma "puxada de tapete" ali, e, quando vemos, falta menos de um passo para que uma atitude desonesta seja consumada. O mundo material é agradável, mas temos de lembrar que "necessidade" é muito diferente de "desejo". Temos necessidade de uma camisa, duas, mas quantas desejamos? Na região paganizada do nosso "eu" não há limites. Então, como resistir às ciladas do Diabo?

Com a vivência dos valores do evangelho, Santo Tomás de Aquino disse: "A comunhão destrói a tentação do Demônio." E tudo isso está incluído no que São Paulo Apóstolo propõe: revestirmo-nos da armadura de Deus (cf. Efésios 6,11-18).

Jesus pode socorrer e libertar qualquer pessoa da escravidão dos vícios em álcool, drogas, jogo, pornografia etc. O mesmo vale para a escravidão do orgulho, do egoísmo, da arrogância, da avareza, da ganância, da soberba e de tudo o que nos impede de vivermos nossa condição de filhos e filhas de Deus.

Não importa nossa condição atual, não interessa como nos encontramos, Jesus pode nos libertar das tentações que nos escravizam, pois tendo Ele próprio sofrido ao ser tentado, é capaz de socorrer os que agora sofrem a tentação (cf. Hebreus 2,18).

Para meditar

✓ Meus valores dão prioridade à ação de Deus na minha vida?

✓ Que sentimentos estou cultivando dentro de mim?

✓ Em relação a quais amarras preciso da libertação que Jesus oferece?

Para rezar

Salmo 17 (18)

Ant.: Eu vos amo, ó Senhor! Sois minha força.

2 Eu vos amo, ó Senhor! Sois minha força,
3 minha rocha, meu refúgio e Salvador!
Ó meu Deus, sois o rochedo que me abriga.
Minha força e poderosa salvação,
sois meu escudo e proteção: em vós espero!

4 Invocarei o meu Senhor: a ele a glória!
e dos meus perseguidores serei salvo!
5 Ondas da morte me envolveram totalmente,
e as torrentes da maldade me aterraram;
6 os laços do abismo me amarraram
e a própria morte me prendeu em suas redes.

7 Ao Senhor eu invoquei na minha angústia
e elevei o meu clamor para o meu Deus;
de seu Templo ele escutou a minha voz,
e chegou a seus ouvidos o meu grito.

Glória ao Pai, e ao Filho, e ao Espírito Santo.
Como era no princípio, agora e sempre. Amém.

Oração

Tu, Senhor, és meu refúgio, meu rochedo e minha força.
És a fortaleza que guarda minha alma e és meu libertador.
Nos momentos de angústia e tribulações,
Tu és a minha força.
Senhor, não me deixes afundar, não me deixes sucumbir.
Senhor, minha fortaleza, leva-me a um refúgio seguro.
Livra-me da tentação. Leva-me a buscar o bem.
Tira, Senhor, de mim o desejo da riqueza desenfreada;
arranca lá do fundo do meu coração as raízes do mal.
Liberta-me da mentira, da fraude, da hipocrisia.
Não me permitas colocar a minha felicidade
na riqueza, nos bens materiais.
Extirpa qualquer sentimento de orgulho e de posse.
Eu confio em Ti, Senhor;
livra-me dos grilhões que me aprisionam.
Deus meu, rocha minha, defende-me, liberta-me, salva-me.
Amém.

Quarto milagre:

SENHOR, CURA NOSSAS CEGUEIRAS

Cada pessoa vê o mundo a seu modo. Aquilo que desperta a atenção de um passa despercebido pelo outro e vice-versa, por isso podemos dizer que a forma de enxergar a realidade à nossa volta é particular em cada um de nós.

Existem pessoas que não podem ver o mundo devido à privação do sentido da visão, o que corresponde a uma desordem de natureza física. Nesse caso, o próprio organismo se encarrega de aguçar os outros sentidos, como uma forma de compensação. Felizmente, hoje, mais do que nunca, há uma grande preocupação com a integração dos portadores de deficiências visuais à sociedade. Além disso, Deus, em Sua infinita sabedoria, tem inspirado cientistas, médicos e pesquisadores no desenvolvimento de diversos tratamentos e técnicas que propiciam, se não a cura total, importantes avanços na qualidade de vida e na independência de pessoas cegas ou com baixa visão.

Saindo do campo das ciências naturais, como padre, não raro, eu me deparo com outra forma de comprometimento da visão, à qual chamo de "cegueira espiritual". Uso a expressão “cegueira” porque diz respeito a um fechar dos olhos para Deus, cujas consequências são muito graves.

Ao desviar o olhar de um horizonte extremamente amplo, as condições de evolução e de um futuro melhor ficam comprometidas, assim como a própria liberdade de escolha. A vida é, dessa forma, reduzida a um cárcere limitado de obscuridades e futilidades. O cego espiritual fecha toda a abertura ao transcendente e acaba por reduzir a existência apenas ao hoje, sem perspectiva de eternidade.

Essa cegueira limita e distorce a forma de ver a realidade. Na prática, impede de distinguir o perene do efêmero, o necessário do supérfluo, e acaba também distorcendo a maneira como se vê o próximo, muitas vezes enfatizando os defeitos e as fragilidades que geram preconceito e intolerância, sem despertar acolhimento e compaixão.

A cegueira espiritual impede de adotar Jesus Cristo como o modelo a ser seguido e, portanto, de ter Seus ensinamentos como valores sólidos e permanentes. Leva-nos a caminhar na espessa penumbra do relativismo, da incerteza e do modismo. Na falta de um olhar curado e “sem escamas”, como as tiradas pela imposição de mão de Ananias sobre Paulo de Tarso (cf. Atos 9,1-18), perdemos a graça do discernimento e da sabedoria de Deus.

Não podemos pensar que esse diagnóstico se aplica somente aos que estão fora da Igreja. Pelo contrário. Em muitos casos, a cegueira espiritual é doença de quem já tem uma caminhada em pastorais e grupos atuantes em comunidades. Por exemplo, estão cegos aqueles que se valem da fé e de um "falso servir" para satisfazer o próprio "ego" e as vaidades pessoais. Agem como idólatras de suas próprias vontades.

O milagre do qual trata o texto a seguir deixa explícito o desejo de Jesus de curar-nos da cegueira espiritual e nos colocar em contato com a luz:

> Chegaram a Betsaida. Trouxeram então a Jesus um cego, rogando que ele o tocasse. Tomando o cego pela mão, levou-o para fora do povoado e, cuspindo-lhe nos olhos e impondo-lhes as mãos perguntou-lhe: "Percebes alguma coisa?"
>
> E ele, começando a ver, disse: "Vejo as pessoas como se fossem árvores andando."
>
> Em seguida, ele colocou novamente as mãos sobre os olhos do cego, que viu distintamente e ficou restabelecido e podia ver tudo nitidamente e de longe. E mandou-o para casa, dizendo: "Não entres no povoado."
>
> Marcos 8,22-26

Jesus pegou o cego pela mão e o levou para fora do povoado. Isso demonstra o cuidado que o Senhor tem com cada pessoa. Cuspiu-lhe nos olhos e pôs as mãos sobre ele. Certamente, ao lermos o texto, todos nós nos perguntamos por que Jesus fez isso. Muitos podem achar o fato de Jesus ter cuspido nos olhos do cego um tanto repugnante, mas obviamente havia uma razão para Ele agir assim. Por acaso, seria uma espécie de "saliva medicinal", com propriedades curativas?

Em algumas culturas a saliva é considerada a essência da vida. No contexto judaico-cristão o significado da saliva é a palavra e a água. A Palavra de Deus está presente na Criação, pois Ele disse "Faça-se" e tudo foi criado (cf. Gênesis 1). Em relação à água, devemos lembrar a importância do seu significado nas Sagradas Escrituras. É o símbolo do Espírito Santo, enquanto Jesus representa a fonte primordial da Água Viva (cf. João 4,10-14).

O livro do Gênesis, por sua vez, menciona que o Espírito de Deus pairava sobre as águas (cf. Gênesis 1,2). Especificamente no salmo 1, consta o trecho: "A árvore plantada junto d›água corrente: dá fruto no tempo devido, e suas folhas nunca murcham" (v. 3). Já o salmo 72 relaciona o Messias com a água da chuva: "Que ele desça como chuva sobre a erva, como chuvisco que irriga a terra" (v. 6). Há ainda várias outras citações, indicando que por onde a água passa brota vida, ao passo que onde ela não corre há secura e destruição.

Em uma interpretação mais precisa, pode-se afirmar que a saliva do próprio Cristo foi uma unção concedida ao homem cego com o intuito de curá-lo. E por que Jesus curou alguns cegos e não todos os cegos? Seria esse um caso particular, especial, demasiadamente importante? A resposta é afirmativa, e vamos entender a razão.

No caso em questão, não se tratava somente da cegueira dos olhos. O milagre operado por Jesus naquele homem indicava o Seu desejo de realizar uma cura que livraria toda a humanidade de sua cegueira, a começar por Seus discípulos. Jesus é o Messias profetizado por Isaías, aquele que veio para salvar, abrir os olhos dos cegos e os ouvidos dos surdos, dar aos mudos a capacidade de falar, fazer andar os aleijados, trazer água ao deserto e rios para a terra seca (cf. Isaías 35,4-6). Isaías profetizou para seu povo que tinha perdido sua pátria e, com ela, todas as referências e a motivação para prosseguir. Eram pessoas desprovidas de ânimo e fé.

O profeta referia-se justamente ao sentido que tem a cura do cego feita por Jesus. Trata-se de um evento simbólico, que indica a salvação de todo aquele povo que estava cego para Deus.

O mesmo vale para os próprios discípulos de Jesus que tiveram dificuldade de enxergar quem realmente estava diante deles, Sua natureza e Sua missão. Na sequência do mesmo capítulo do Evangelho de Marcos há o registro da profissão de fé de Pedro, o primeiro anúncio de Sua Paixão, a reação negativa do apóstolo e a repreensão de Jesus (cf. Marcos 8,29-33). No segundo anúncio da Paixão os discípulos ainda demonstram incompreensão, pois na verdade estavam voltados para si mesmos, envolvidos com a disputa de quem seria o maior entre eles e, consequentemente, desatentos à revelação feita pelo Mestre (cf. Marcos 9,31-34).

Levando em conta todos esses indícios, podemos afirmar que quando Jesus cura o cego, está curando a cegueira de seus discípulos, dos fariseus e de todos nós. Sim, e não se ofenda por ser chamado de "cego", pois não há outra palavra melhor para expressar a nossa dificuldade em enxergar a luz. Cegos somos todos nós marcados pelo pecado, chamados a ser iluminados por Jesus. Ele quer curar a cegueira espiritual da humanidade. A esse respeito, Santo Agostinho, bispo e doutor da Igreja, disse: "Tão cegos são os homens, que chegam a gloriar-se da própria cegueira!"

Dentro de nós existem muitas sombras que ofuscam a luz. E apesar de atuar como sacerdote há 19 anos, faço questão de partilhar essa limitação com você. Todos os dias eu luto contra a minha condição de homem fraco, limitado e pecador. E quanto a você, já pensou qual é a cegueira para a qual você quer a cura de Jesus?

Às vezes, de tão cegos que estamos, não conseguimos nem mesmo ter discernimento para saber que estamos sofrendo de cegueira. Uma pessoa apaixonada, por exemplo. É comum ouvirmos alguém dizer: "Fulano está cego de paixão!" Pior que não é uma força de expressão, é cegueira mesmo. Muitas pessoas colocam tudo a perder, casamento, família e outras coisas, em nome de uma paixão. E o que dizer das pessoas excessivamente materialistas? Vivem no escuro, totalmente às cegas, pois o apego aos bens faz com que deixem de enxergar que a felicidade não está fora de nós, naquilo que temos, e sim em nosso próprio interior habitado por Deus.

Como diz um ditado popular, "o pior cego é aquele que não quer ver". Os fariseus estavam diante da verdade e não a identificavam. Os discípulos estavam diante da luz e não a enxergavam.

Para identificar a própria cegueira é preciso vasculhar bem, revirar os porões da alma, procurando aqueles cantinhos mais escuros. Pode ser uma carência afetiva, um vício que não é trabalhado na força de vontade... A exemplo das doenças físicas, a cegueira espiritual também manda seus mensageiros, que são os sintomas. Por exemplo, naqueles momentos em que não encontramos mais razão ou motivação e chegamos a questionar o sentido da nossa vida. E o quadro só tende a piorar, pois a cegueira nos impede de encontrar Jesus, trilhar o caminho da fé, viver o evangelho. Como alerta São Paulo:

> Se o nosso evangelho continua obscuro, está obscuro para aqueles que se perdem, para os incrédulos, cuja inteligência o deus deste mundo obscureceu a fim de que não vejam brilhar a luz do evangelho da glória de Cristo, de Cristo que é a imagem de Deus. Não pregamos a nós mesmos, mas Cristo

> Jesus, Senhor. Quanto a nós mesmos é como servos de vocês que nos apresentamos, por causa de Jesus. Pois o Deus que disse: "Do meio das trevas brilhe a luz!", foi ele mesmo que reluziu em nossos corações para fazer brilhar o conhecimento da glória de Deus, que resplandece na face de Cristo.
>
> 2Coríntios 4,3-6

Se pararmos para pensar, a cegueira física é algo que realmente limita as potencialidades de uma pessoa, mas não impede que ela viva com qualidade e desempenhe seu papel na sociedade. Já em relação à cegueira espiritual não se pode dizer a mesma coisa. O cego espiritual não tem clareza em seus propósitos, portanto não é dono de suas escolhas e, provavelmente, está sendo conduzido pelos interesses de outros. Não enxergar na vida espiritual significa ser facilmente iludido e manipulado.

No texto de Marcos, Jesus levou o cego para fora do povoado, ou seja, o tirou do alcance de certas influências. Se não nos dermos a oportunidade de sairmos do lugar do erro, do pecado, e de sermos arrebatados por Deus, não obteremos a cura. É impossível ficarmos curados parados no mesmo espaço e repetindo equívocos indefinidamente.

Vale ressaltar que milagre não é mágica. A força de Deus pede uma contrapartida, que sempre depende de nós. Por isso o cego não enxergou de imediato; primeiro ele confundiu as pessoas à sua volta com árvores em movimento, indicando que a cura é lenta e gradativa.

No caso dos apóstolos, a noção de que se trata de um processo e não de um simples estalar de dedos fica ainda mais clara. Havia cerca de três anos que eles estavam ao lado de Jesus, e mesmo assim não conseguiam entender completamente o que Ele ensinava. A cegueira de Pedro é o maior exemplo: no momento da prisão de Jesus, ele, que se propusera a dar a vida pelo Mestre (cf. João 13,38), negou-O, escondeu-se e O abandonou (cf. João 18,17-18.25-27). Depois, à luz do Espírito Santo, anunciou corajosamente o evangelho de Cristo e levou à frente sua missão, tornando-se pelo mandato do próprio Cristo o primeiro Papa da Igreja.

Certamente Deus pode propiciar a cura instantaneamente, mas em geral a recuperação espiritual é gradual, justamente porque ela sempre vem acompanhada de um aprendizado. E ninguém aprende de um dia para o outro. É uma labuta. Exige que nos dediquemos e peçamos sempre: "Senhor, faze-me enxergar melhor."

Pode ter certeza de que não é à toa que rezamos. Deus está escutando, e cada vez que nos dirigimos a Ele reforçamos nosso ato de fé. O problema é que vivemos num tempo imediatista, em que tudo é para ontem e, se não somos atendidos no mesmo instante, já expressamos nosso descontentamento. Temos de aprender a exercitar o tempo da espera, porque ele em si já vale como um treinamento para que possamos enxergar os sinais de Deus, sobretudo a diferença que existe entre aquilo que pedimos e o que realmente necessitamos. No segundo caso, Deus sempre concede a graça e pensamos: "Que coisa maravilhosa, eu não esperava isso!"

Por fim, o fato de Jesus ter tocado uma segunda vez no cego não significa que o primeiro toque falhou. Na verdade, estava confirmando Sua misericórdia e Sua paciência com aqueles que querem conhecê-Lo e crer Nele.

Perceba a sutileza com que Jesus age em nossa vida. Mesmo antes de qualquer confirmação, Ele não nos nega Sua unção. O cego, por exemplo, foi ungido com a saliva do próprio Cristo e, nesse momento, mostrou-se aberto à Sua intervenção, daí o segundo toque. É quando a luz se faz definitivamente, ou seja, com o segundo toque passamos a enxergar o que, imersos em nossa cegueira de pecadores, não conseguíamos ver.

A lição que fica desse milagre é clara: conduzidos pelo Senhor, "nossos pés não vacilam, nossos passos ficam nas suas pegadas" (Salmos 17,5).

Deixemos Jesus tocar em nossos olhos para que enxerguemos claramente o caminho do Bem.

Para meditar

✓ Qual cegueira espiritual preciso que Jesus cure?

✓ De qual área ou situação da minha vida devo me afastar para que haja a cura?

✓ Até que ponto acredito no Deus do impossível, se meu coração continua endurecido?

Para rezar

Salmo 26 (27)

Ant.: Senhor, curai os meus olhos da cegueira, fazei-me contemplar tuas maravilhas.

1 O Senhor é minha luz e salvação;
de quem eu terei medo?
O Senhor é a proteção da minha vida;
perante quem eu tremerei?

2 Quando avançam os malvados contra mim,
querendo devorar-me,
são eles, inimigos e opressores,
que tropeçam e sucumbem.

3 Se os inimigos se acamparem contra mim,
não temerá meu coração;
se contra mim uma batalha estourar,
mesmo assim confiarei.

4 Ao Senhor eu peço apenas uma coisa,
e é só isto que eu desejo:
habitar no santuário do Senhor
por toda a minha vida;
saborear a suavidade do Senhor
e contemplá-lo no seu templo.

5 Pois um abrigo me dará sob o seu teto
nos dias da desgraça;
no interior de sua tenda há de esconder-me
e proteger-me sobre a rocha.

6 E agora minha fronte se levanta
em meio aos inimigos.
Ofertarei um sacrifício de alegria,
no templo do Senhor.
Cantarei salmos ao Senhor ao som da harpa
e hinos de louvor.

Glória ao Pai, e ao Filho, e ao Espírito Santo.
Como era no princípio, agora e sempre. Amém.

Oração

Ó Senhor, és minha luz e salvação;
não me deixes caminhar nas trevas.
Cura, Senhor, os meus olhos da cegueira,
faze-me contemplar Tuas maravilhas.
Senhor Deus, tem compaixão de mim,
pois a Ti eu clamo sem cessar.
Senhor, Tua palavra cura e liberta;
protege minha alma, consola meu coração.
Senhor, Tua Luz traz discernimento, Tua Luz traz luz.
Senhor, põe Tuas mãos sobre mim,
amplia meus horizontes, clareia os meus caminhos.
Faze-me enxergar além das paixões.
Amém.

Quinto milagre:

SENHOR, LIBERTA DO MAL A FAMÍLIA

Todos nós já ouvimos a máxima: "A família é o bem maior." Contudo, são muitos os desafios e perigos que rondam os lares nos dias de hoje. Infelizmente, os adolescentes e jovens são os alvos mais visados e vulneráveis. Muitos se desviam do caminho e se tornam "ovelhas perdidas" para as drogas, as compulsões, os valores equivocados e os falsos ídolos.

No programa de rádio *Experiência de Deus*, frequentemente ouvimos relatos de mães que estão a ponto de desistir. Algumas dizem: "Eu peço, peço, mas Deus não me escuta! Acho que não sou merecedora da graça."

Realmente o desânimo e a sua expressão extrema — a apatia — trazem consigo um grave perigo. Isso porque eles bloqueiam a confiança, o que nos leva a perder a esperança. Por isso podemos chamar essas mulheres de mães desesperadas. Ficamos todos consternados com a sua situação, e não é para menos, mas para ajudá-las cabe a mim, como sacerdote, e a elas também, tentar identificar o que está na origem desse quadro, pois só assim é possível adquirir o discernimento necessário para agir e superá-lo. Na verdade, elas não se consideram dignas ou merecedoras da graça em razão de consciência de erros cometidos ou, muito comumente, por não compreenderem o tempo de Deus.

Sempre faço questão de ressaltar que o merecimento não está no fato de sermos bons ou melhores do que os outros. Ninguém está nesse nível, mas Deus, em Sua infinita bondade, por meio de nosso Senhor Jesus Cristo, tornou-nos merecedores da Sua graça. E é justamente quando oramos de forma humilde, com o reconhecimento expresso dessa ausência de merecimento, que os favores de Deus nos alcançam. Sobre isso, escreveu Santa Tereza D'Ávila: "O fundamento da oração vai baseado na humildade, e quanto mais uma alma se abaixa na oração, mais Deus a eleva." Mas, e quanto a nós, até onde estamos dispostos a ir para alcançar a Graça de Deus?

Não duvido que seja verdade quando alguém me diz: "Já fiz muito pela minha família." Mas não aceito que qualquer pessoa se sinta no direito de dizer: "Já fiz *tudo* por minha família." Há uma diferença muito grande entre fazer "muito" e fazer "tudo". O "tudo" é matéria de Deus, e é a Ele que devemos entregar essa tarefa, porque só a Deus compete o "tudo" a ser feito. Podemos pleitear o "tudo"? Com certeza, como filhos de Deus, feitos à imagem e semelhança do Pai, podemos e devemos buscar o mais alto nível da fé.

Já expliquei em meu livro anterior, *Feridas da alma*, que Deus nos quer santos, ou seja, quer que evoluamos a ponto de atingir o mais alto grau de pureza do corpo, do coração e da alma; mas para alcançar esse estágio a luta tem de ser constante, o que, em outras palavras, significa que NUNCA, sob circunstância alguma, devemos desistir de lutar. O que é impossível para os homens é possível para Deus.

O texto que apresento neste capítulo trata de um milagre que comprova justamente o grande poder de Jesus Cristo sobre tantos males, inclusive os que afligem as famílias:

> Jesus, partindo dali, retirou-se para a região de Tiro e de Sidônia. E, eis que uma mulher cananeia, daquela região, veio gritando: "Senhor, filho de Davi, tem compaixão de mim: a minha filha está horrivelmente endemoninhada."
>
> Ele, porém, nada lhe respondeu.
>
> Então, os seus discípulos se chegaram a ele e pediram-lhe: "Despede-a, porque vem gritando atrás de nós".
>
> Jesus respondeu: "Eu não fui enviado senão às ovelhas perdidas da casa de Israel."
>
> Mas ela, aproximando-se, prostrou-se diante dele e pôs-se a rogar: "Senhor, socorre-me!"
>
> Ele tornou a responder: "Não fica bem tirar o pão dos filhos e atirá-lo aos cachorrinhos."
>
> Ela insistiu: "Isso é verdade, Senhor, mas também os cachorrinhos comem das migalhas que caem da mesa dos seus donos!"

Diante disso, Jesus lhe disse: "Mulher, grande é a tua fé! Seja feito como queres!"

E a partir daquele momento sua filha ficou curada.

Mateus 15,21-28

A título de curiosidade, a palavra "Tiro" significa "força" e "Sidônia" vem da expressão "sidom", que quer dizer "caçada". Ao que tudo indica, Jesus estava cuidando de recarregar as forças, não por acaso informações passadas pelo evangelista Marcos acerca da narração do mesmo episódio sinalizam que Ele estava numa região situada fora da Terra Santa, descansando em uma casa (cf. Marcos 7,24). Não pretendia pregar nem ser reconhecido, o que é perfeitamente compreensível, pois quem lida com uma exposição frequente ao público, como é o caso dos sacerdotes, de pessoas públicas em geral e até dos professores, sabe que de vez em quando o anonimato funciona como um verdadeiro bálsamo para recuperar a energia.

No entanto, a mulher cananeia reconheceu Jesus e não hesitou em importuná-Lo ao gritar: "Senhor, filho de Davi, tem piedade de mim." O texto deixa claro que ela não era judia, ou seja, não fazia parte do povo judeu, mas quando se dirigiu a Jesus usou o título messiânico "filho de Davi". Tal fato surpreende, afinal ela não professava a fé judaica, mas referia-se a Jesus por um termo que Lhe era restrito.

Em seguida, continua: "Minha filha está sendo cruelmente atormentada por um demônio." É a confirmação de que o amor de mãe, diante do sofrimento de um filho, funciona como um motor que não conhece fronteiras. Ressalte-se que Jesus era, para ela, um estrangeiro, mas foi justamente a Ele a quem se dirigiu em nome da necessidade da filha. Trata-se de uma mulher anônima que representa todas as mães em prece para ajudar seus filhos. O seu diferencial é que ela sabia que somente o Senhor Jesus poderia ajudá-la.

Nosso Senhor não respondeu nada, permanecendo em silêncio como se estivesse indiferente; porém evidentemente há um propósito nesse gesto. Trata-se do silêncio da hora de Deus, um tempo precioso e oportuno no qual se exercita a confiança.

Costumo dizer que no mundo que habitamos as aparências não correspondem à essência, e é exatamente por isso que precisamos praticar o discernimento, o qual, por sua vez, nos é dado por Deus. Quanto maior for a nossa capacidade de discernir, mais aptos estaremos a trilhar o caminho certo. Nesse caso específico, por exemplo, apesar de parecer, Jesus não foi indiferente; Ele simplesmente queria que a mulher amadurecesse a sua fé.

Todos nós, cedo ou tarde, passamos por um momento decisivo, o qual chamo de *pedagogia da hora de Deus*, em que nossos limites são testados. O próprio Jesus sentiu-se abandonado pelo Pai no momento da Cruz, e lamentou Seu silêncio com o grito dramático: "Meu Deus, meu Deus! Por que me abandonaste?" (Marcos 15,34). Porém, manteve Sua confiança no Pai e, no momento derradeiro, sussurrou: "Pai, em tuas mãos entrego o meu espírito" (Lucas 23,46).

A mulher cananeia encontrava-se exatamente nesse momento, e poderia ter recuado e desistido como fazemos muitas vezes em nossa vida.

Sempre que Deus não toma uma atitude imediata, *parece* que Ele nos ignora ou não nos escuta, o que nos leva a desistir ou a mudar o teor de nossos pedidos. Porém, a atitude ousada e corajosa da mulher cananeia ensina que não devemos mudar de intenção e pedido até sermos atendidos. São Gregório Magno disse: "Os desejos santos crescem com a demora; mas, se diminuem com o adiamento, não são desejos autênticos." Compreendamos que, se o que estamos pedindo é um "desejo santo", por mais que Deus silencie, o que desejamos se manterá firme. Por outro lado, quando a demora é suficiente para nos fazer titubear, o desejo não é mais forte do que uma vontade meramente humana e fútil.

São Jerônimo tem um belíssimo pensamento a respeito da importância da perseverança em nossas orações: "Quanto mais forem importunas e perseverantes as nossas orações, tanto mais agradáveis serão a Deus."

Jesus espera que nos aproximemos e confiemos a Ele nossas preocupações e fraquezas. Ele pode e quer curar cada pessoa de nossa família, libertando-nos dos "demônios" que aprisionam e fazem sofrer. Mas, para isso, precisamos ter humildade e persistência como a mulher cananeia descrita no Evangelho.

O texto continua: "Manda embora essa mulher, porque ela vem gritando atrás de nós." Certamente, esse pedido feito pelos discípulos para que Jesus mandasse a mulher embora porque ela estava gritando atrás deles causa estranheza, mas quantas vezes agimos da mesma forma no dia a dia e em nossa comunidade?

Jesus não acatou o pedido dos discípulos; por outro lado, Sua resposta foi bastante diferente do que se podia esperar: "Eu fui mandado somente para as ovelhas perdidas do povo de Israel." Novamente aqui as aparências enganam. O que parece ser uma postura excludente é, na verdade, um eco, um reverberar da cultura do povo judeu, que acreditava ser o destinatário exclusivo dos privilégios de Deus, isto é, o primeiro destinatário da salvação. Cabia a Jesus derrubar o muro que impedia seus próprios discípulos de terem compaixão dos pagãos, mas antes Ele os testou, assim como a mulher cananeia.

Diante do aparente revés, a mulher insistiu. Prostrou-se aos pés de Jesus num gesto de humildade e continuou a clamar por Sua ajuda. Recebeu uma resposta pior ainda: "Não está certo tirar o pão dos filhos e jogá-lo aos cachorrinhos." Nossa, que dureza! Novamente, uma resposta baseada nos hábitos culturais da época, a fim de estimular os discípulos a perceberem a universalidade de Sua missão. Vale lembrar ainda que o cão era um animal desprestigiado no contexto social vigente, sendo comum os pagãos serem referidos como "cachorros".

Agora, responda sinceramente: esses comentários feitos assim, à queima-roupa, não teriam desanimado inteiramente qualquer um de nós? A mulher cananeia, no entanto, viu no fato de ser comparada a um "cachorrinho" sua oportunidade. Sim, porque na casa paterna, enquanto os filhos comiam à mesa, os cachorros não eram deixados sem comida; tinham direito às migalhas que caíam da mesa de seus donos. Ainda que a abundância das bênçãos de Deus fosse destinada ao povo judeu, ela, enquanto "cachorrinho", teria direito, ao menos, a uma migalha de Sua bondade.

Mas isso é apenas mais uma aparência. Na verdade, no banquete de Deus, há misericórdia para todos, e foi essa compreensão que deu à mulher o direito de receber a Graça. Jesus se encantou com a fé, a força, a coragem e a persistência da mulher e declarou: "Seja feito como você quer." Isso demonstra que a nossas orações, súplicas e petições empreendidas com fé e insistência mudam até o que Deus tinha preparado para nós. Quando se diz que "a fé move montanhas" significa justamente que a oração tem o poder de mudar os acontecimentos futuros.

Inspirados por esse milagre somos convidados a perseverar na oração, a insistir e a não desistir mesmo diante dos maiores obstáculos; ainda que Deus silencie, devemos permanecer em Sua presença e não nos afastar. Como disse o apóstolo Pedro, não há outro a quem recorrer: "A quem iremos nós? Só tu tens palavra de vida eterna" (João 6,68). O exemplo da mulher cananeia também nos alerta para o cuidado de não sermos preconceituosos com pessoas de fora de nossa comunidade religiosa.

Em síntese, Jesus elogiou a fé da mulher porque ela foi insistente na oração e no pedido, e é exatamente isto que nos falta. Nossa oração deve manifestar um desejo puro, e Deus silencia para testar a autenticidade de nossos desejos e nossas preces e também a nossa perseverança.

A mulher cananeia sabia claramente o que queria, por isso a partir daquela hora sua filha ficou curada. Ela é o melhor modelo, o exemplo de uma pessoa que não se curva diante das dificuldades, por maiores que elas sejam. Um símbolo de perseverança, de mãe dedicada, de Igreja que ora. Essa é a atitude que se deve ter diante dos desafios de hoje, o que inclui a súplica pela cura e libertação de um filho, bem como pela restauração da família e dos relacionamentos.

Nos momentos de aflição e necessidade extrema não recue. Peça: "Senhor, Filho de Davi, tem piedade de mim. Cura minha família, liberta e reconduz meu filho que se perdeu. Livra-me dos perigos, das ameaças, das perseguições, das divisões e das incompreensões." Diga com confiança perante Jesus: "Senhor, ajuda-me, eu não quero perder meu filho para as drogas." Pense com convicção: "Eu vou vencer na oração, não vou desistir da minha família, vou vencer em Deus."

Com certeza a resposta de Jesus será: "Eu não lhes dou migalhas, Eu lhes dou meu Corpo e meu Sangue. Não precisam comer migalhas, tomem e comam, tomem e bebam, Eu sou o seu alimento."

Para meditar

- ✓ Ao me deparar com problemas e crises familiares, tenho reservado momentos para entender meus sentimentos, minhas fraquezas, e tenho buscado socorro no Senhor?
- ✓ Sou persistente na oração e sei esperar a hora de Deus?
- ✓ Eu acredito que meu amanhã depende também do meu ato de fé?

Para rezar

Salmo 62 (63), 2-9

Ant.: Ansioso vos busco, Senhor, saciai minha alma!

2 Sois vós, ó Senhor, o meu Deus!
Desde a aurora ansioso vos busco!
A minh'alma tem sede de vós,
minha carne também vos deseja,
como terra sedenta e sem água!

3 Venho, assim, contemplar-vos no templo,
para ver vossa glória e poder.
4 Vosso amor vale mais do que a vida:
e por isso meus lábios vos louvam.

5 Quero, pois, vos louvar pela vida,
e elevar para vós minhas mãos!

6 A minh'alma será saciada,
como em grande banquete de festa;
cantará a alegria em meus lábios,
ao cantar para vós meu louvor!
7 Penso em vós no meu leito, de noite,
nas vigílias suspiro por vós!

8 Para mim fostes sempre um socorro;
de vossas asas à sombra eu exulto!
9 Minha alma se agarra em vós;
com poder vossa mão me sustenta.

Glória ao Pai, e ao Filho, e ao Espírito Santo.
Como era no princípio, agora e sempre. Amém.

Oração

Ansioso Te busco, Senhor, sacia minha alma!
Senhor, Teu amor vale mais do que tudo,
mais do que a vida.
Meus lábios Te louvam; Tu és um socorro para mim.
Minha alma está ligada a Ti, Senhor,
porque a Tua direita me sustenta;
minha alma está ligada nas Tuas palavras,
nos Teus preceitos.

Às vezes, a noite é minha inimiga;
a insônia, os pesadelos são meus inimigos.
São tantas forças que tentam me tirar da Tua presença.
Eu clamo Teu Nome, e, quando estiver fraco na fé,
fortalece-me, Senhor.
Que eu saiba esperar mesmo na aflição,
mesmo no Teu silêncio.
Mesmo que eu não compreenda os desígnios da vida,
que eu não desista nunca.
Que minha alma permaneça unida a Ti,
e a Tua direita me segure e me sustente.
Senhor, sacia a minha sede de paz.
Vem, Senhor, tal qual a chuva na terra seca,
Derrama a Tua graça e revigora o meu amor por Ti,
pela Igreja, pelo próximo.
Amém.

Sexto milagre:

SENHOR, DÁ-NOS A GRAÇA DA FÉ

Ter fé, mais que crer em algo, é crer em Alguém: Jesus Cristo. A fé não deve ser apenas fruto de milagres, e sim da adesão total a Ele, do acolhimento de Sua Palavra e da mudança de vida. Para o milagre, Deus pede antes a fé. Mas esta se confirma e aumenta depois, com o milagre. Jesus fez milagres para a fé inicial se estabelecer e se firmar.

É a fé que pode dar êxito ao que fazemos. Ela autentica a nossa oração, tornando-a qualitativa, e não quantitativa. De fato, muitas vezes nossas orações contêm um excesso de palavras, mas não são realizadas com fervor. Está errado quem começa uma oração pensando: "Talvez eu tenha êxito." Isso não é ter fé. Se cremos, devemos ser categóricos: "Senhor, eu confio em Ti." Não se trata de fazer uma oração arrogante, mas, como já disse anteriormente, um pedido humilde, confiante na infinita bondade de Deus.

O Senhor faz uma analogia entre a fé e um grão de mostarda (cf. Mateus 17,20) justamente para compará-la a uma semente que deve ser cultivada. Devemos levar em conta também que a semente de mostarda é quase microscópica, mas, ao crescer, transforma-se em um grande arbusto, o que nos remete à possibilidade de desenvolvimento extraordinário da fé.

É nossa responsabilidade, portanto, cultivar esse pouco de fé até que ele nos permita ter ousadia na confiança e na apropriação da graça e da benção de Deus. Estou usando a palavra "ousadia" como sinônimo de "coragem", cujo contrário é "covardia". Chega de sermos covardes na vida. O que nos impede de ousar a ponto de termos coragem de chegar para um doente e dizer: "Você vai sair dessa situação pela fé no Senhor! Deus providenciará o melhor para você"? Aqueles que vivem repetindo "Deus quis assim" se esquecem de algo fundamental: o sofrimento não é vontade de Deus.

No plano do Criador não havia sofrimento e morte:

> Pela irradiação desta graça, todas as dimensões da vida do homem eram fortalecidas. Enquanto permanecesse na intimidade divina, o homem não devia nem morrer nem sofrer. A harmonia interior da pessoa humana, a harmonia entre o homem e a mulher e, finalmente, a harmonia entre o primeiro casal e toda a criação constituíam o estado denominado "justiça original".
>
> Catecismo da Igreja Católica § 376

Contudo, o pecado original rompeu a relação entre o homem e o Criador, e com isso a morte e o sofrimento entraram no mundo. Felizmente, Jesus Cristo, nascido sem pecado, pelo Seu sofrimento, seguido de morte e ressurreição, quebrou as amarras do pecado e nos reconciliou com Deus. Assim, nosso sofrimento adquiriu novo aspecto: mais do que participação no pecado original, tornou-se participação no amor de Jesus.

Por isso, os sofrimentos e as doenças não podem ser entendidos por nós como um castigo divino. Não se trata de ser masoquista e gostar de sofrer, mas de enxergar a realidade como ela é: os problemas existem, fazem parte da nossa vida, por isso duvide de quem prometer — religião, agremiação política ou qualquer pessoa — acabar com eles. A fé ajuda a superar as tribulações, porém não quer dizer que para quem tem fé não existem problemas. Seguir Jesus não significa não ter cruz, mas acreditar, não desanimar, confiar que o Senhor guarda o melhor para nós. A fé ensina que, mesmo nas maiores dificuldades, a graça se faz presente. Então, a questão não é não ter problemas, e sim ter fé e crer plenamente na promessa feita por Jesus de que estará sempre conosco até o fim (cf. Mateus 28,20).

Outra mudança de postura necessária é passar a enxergar as provações como um aprendizado valioso, caso resultem, por exemplo, em transformação e conversão. O sofrimento encontra sentido quando é recebido com paciência e tolerância, fazendo com que nos despojemos do orgulho, reconheçamos nossas fraquezas e nossos erros, aprofundemos nossa fé. Isso nos torna pessoas melhores, assim como aqueles que estão à nossa volta. Porém, a transformação efetiva somente ocorre na medida em que o nosso sofrimento é associado às provações do próprio Cristo, como explica São Paulo:

> Bendito seja o Deus e Pai de nosso Senhor Jesus Cristo, o Pai das misericórdias e Deus de toda consolação! Ele nos consola em todas as nossas tribulações, para que possamos consolar os que estão em qualquer tribulação, através da consolação que nós mesmos recebemos de Deus. Na verdade, assim como os sofrimentos de Cristo são numerosos para nós, assim também é grande a nossa consolação por meio de Cristo.
>
> 2Coríntios 1,3-5

O milagre operado por Jesus a partir do pedido do oficial romano é um dos mais interessantes ocorridos em Sua vida terrena, não apenas por ser um exemplo de fé, mas também por confirmar que esta não tem fronteiras. Eis o trecho em que a cura é descrita:

> Ao entrar em Cafarnaum, chegou-se a Jesus um centurião que o implorava e dizia: "Senhor, meu servo está deitado em casa paralitico, sofrendo dores atrozes."

Jesus lhe disse: "Eu irei curá-lo."

Mas o centurião respondeu-lhe: "Senhor, eu não sou digno de receber-te sob o meu teto; mas basta que digas uma palavra e meu servo ficará são. Com efeito, também eu estou debaixo de ordens e tenho soldados sob o meu comando, e quando digo a um 'Vai!', ele vai, e a outro 'Vem!', ele vem; e quando digo ao meu servo: 'Faze isto', ele o faz."

Ouvindo isso, Jesus ficou admirado e disse aos que o seguiam: "Em verdade vos digo que, em Israel, não achei ninguém que tivesse tal fé. Mas eu vos digo que virão muitos do oriente e do ocidente e se assentarão à mesa no Reino dos Céus, com Abrão, Isaac e Jacó, enquanto os filhos do Reino serão postos para fora, nas trevas, onde haverá choro e ranger de dentes".

Em seguida, disse ao centurião: "Vai! Como creste, assim te seja feito!"

Naquela mesma hora o servo ficou são.

Mateus 8,5-13

Os pagãos adoravam a outros deuses, por isso não se podia imaginar que um deles fosse aderir à fé em Jesus. Mateus escreve para os judeus, portanto, ao registrar que um soldado romano foi atrás de Cristo, estava fazendo um forte questionamento àqueles que se consideravam destinatários da promessa de Deus e não aceitaram Jesus. O texto também faz questão de deixar claro que o Messias veio para todos os povos, independentemente do credo religioso. Deus pode realizar milagres na vida de todos. Para Ele, não há distinção de nenhum tipo; faz chover tanto para os justos quanto para os injustos (cf. Mateus 5,45).

O centurião procurou Jesus num momento de grave dificuldade, em que uma doença acometia seu servo. Algumas pessoas podem questionar o caráter genuíno da solidariedade do homem, afinal ficar sem o servo poderia acarretar algum tipo de prejuízo para ele, contudo o que conta mesmo é o fato de o pedido ter partido de quem não se esperava: um homem pagão, ocupante de um alto posto da hierarquia militar. Isso indica que realmente a fé não conhece barreiras e autoriza a nos colocarmos diante de Jesus e pedir Sua ajuda.

O mundo está passando por uma fase difícil; as pessoas querem ter fé, mas não sabem onde buscá-la. É próprio da natureza humana estabelecer acordos e convenções com base numa regularidade comportamental e acreditar que eles serão seguidos à risca por todos. É o caso dos sinais de trânsito, por exemplo. Acredita-se que os motoristas respeitarão o sinal vermelho e, portanto, quase que automaticamente, os pedestres avançam na faixa de segurança ao menor indício de sinal verde. A despeito do componente de imprudência que possa haver em cada caso, podemos afirmar que o ser humano é crédulo por natureza, embora, sem dúvida, haja uma crescente incredulidade em relação às intenções da classe política, aos programas de justiça social e também no âmbito das relações interpessoais de uma forma geral, o que atinge a família, o casamento e até as amizades.

Podemos pensar: "Então, nada há para fazer, já que as pessoas não acreditam mais em nada. Está tudo perdido." Grande engano. Apesar desse "tudo", ainda é grande o anseio que as pessoas têm de depositar confiança em algo. Além disso, se existe um vazio, significa que há um espaço esperando para ser preenchido. E quem melhor para ocupar esse lugar do que Jesus Cristo? Ele, que jamais causará decepções, desilusões ou frustrações?

Trata-se de uma reflexão muito séria, que assume importância ainda maior em períodos da vida como a adolescência e a juventude, quando se está ávido por exemplos e modelos a serem seguidos.

Voltando ao texto em questão, podemos inferir que se o centurião foi até Jesus é porque alguém havia comentado sobre Ele, e essa informação tinha credibilidade. A fé foi tão instigada e fomentada a ponto de o homem afirmar: "Dize uma só palavra e meu servo ficará curado."

Por isso, eu pergunto: Será que estamos convencidos o suficiente a respeito do poder supremo de Jesus, a ponto de nosso testemunho gerar credibilidade e fé nas pessoas que nos rodeiam?

Mais do que isso, precisamos refletir sobre a nossa efetiva internalização dos ensinamentos do evangelho, por exemplo em relação à condição de filhos de Deus, que abrange toda a humanidade e nivela a todos não apenas como semelhantes, mas sobretudo como irmãos.

Ironicamente, vem do centurião pagão o melhor exemplo nesse sentido. Embora fosse um estrangeiro e não gozasse de boa fama, ainda assim ele demonstrou ser um homem de extrema fé, capaz de surpreender Jesus e receber Dele o elogio: "Eu garanto a vocês: nunca encontrei uma fé igual a essa em ninguém de Israel!"

Essa é a atitude que devemos ter, pois não há cura fora de Jesus Cristo. Contudo, infelizmente, vejo algumas comunidades que se dizem religiosas e assistenciais sendo transformadas em uma espécie de gueto, no qual as pessoas se fecham e rotulam umas às outras: "Acredito em fulano, porque ele é impecável", "Não boto fé em sicrano, pois sua vida é meio dúbia", e assim por diante. Nunca é demais repetir: Deus é para todos.

Devemos orar e pedir por todas as pessoas, sem pré-julgamentos. Da mesma forma, nossas orações não podem estar voltadas para resolver apenas nossos próprios problemas. Temos de nos libertar do jugo do "eu" e abrir espaço para cuidar do "outro".

De modo geral, somos miseráveis e egoístas no ato de agradecer, interceder e também no que diz respeito a louvar a Deus. Precisamos exercitar mais a gratidão, pedir uns pelos outros e praticar o louvor, pois este é o exercício da fé, o qual tem o poder de curar. No caso do centurião, assim como em diversos outros momentos, Jesus sentenciou: "Seja feito conforme a tua fé." Não se trata de uma simples força de expressão, mas da verdadeira e única chave para alcançarmos a graça: ter fé, rezar com fervor, de corpo e alma.

Sei de muita gente que tem mais fé em santos e nos sacerdotes do que em Deus, o que é um grande equívoco. Como já expliquei em meus livros anteriores, os santos intercedem perante Jesus, assim como Maria, Nossa Senhora, tem livre acesso ao Seu Filho e também pede por nós; mas é em Cristo que devemos depositar nossa máxima confiança, pois "há um só Deus e um só mediador entre Deus e os homens: Jesus Cristo" (1Timóteo 2,5).

O centurião era uma autoridade aos olhos do mundo, mas se fez discípulo aos olhos de Deus. Mesmo sendo um homem de alto escalão, humildemente recorreu a Jesus, o que chama a atenção. Há quem pense que por causa do poder econômico e da condição social privilegiada não precisa de Deus; por ter um emprego bem-remunerado, um bom plano de saúde ou dinheiro guardado, pode dispor da vida sem nada temer. Na verdade, o sentimento de autossuficiência do homem moderno é o seu calcanhar de Aquiles, aquele ponto mais vulnerável onde o mal, agindo de forma oportunista, aproveita para instalar-se e causar os grandes estragos dos quais tomamos conhecimento diariamente em primeira mão ou pelo noticiário.

Certamente a humanidade chegou a um estágio admirável em termos de avanços científicos e tecnológicos, a ponto de já se buscar a vida em outros planetas. Contudo ainda nos falta fé do tamanho de um simples grão de mostarda para fazermos do mundo que habitamos um lugar melhor para se viver. Essa é a grande contradição diante da qual somos colocados face a face por meio das sábias palavras do Mestre. Falta-nos a humildade santificante de dizer: "Eu não sou digno, reconheço minhas faltas, mas cura meu irmão." Falta-nos essa confiança no poder de Jesus.

No caso do centurião, a sua noção de hierarquia, como quando ele expressa seu poder temporal sobre os demais, pode ter sido o diferencial que o fez reconhecer prontamente a soberania de Jesus e o poder da Sua palavra. Isso fica claro quando ele afirma: "Dize uma só palavra, e meu servo ficará curado."

Precisamos nos empenhar mais em alcançar a Deus. Os joelhos não podem cansar, não podemos esmorecer, conforme recomenda a profecia de Isaías: "Fortaleçam as mãos cansadas, firmem os joelhos cambaleantes; digam aos corações desanimados: 'Sejam fortes! Não tenham medo! Vejam o Deus de vocês: ele vem para vingar, ele traz um prêmio divino, ele vem para salvar vocês'" (Isaías 35,3-4). Eis o segredo: não desistir, não desanimar, manter a fé e a esperança.

A fé é condição sem a qual o milagre não acontece. Jesus mesmo disse isso quando voltou para Nazaré, sua terra natal. Ele não pode fazer muitos milagres por causa da falta de fé e da dureza de coração do povo local (cf. Mateus 13,54-58). Um coração endurecido não possui lugar para Deus.

Por fim, é interessante atentar para o fato de que Jesus e o doente não se viram nem se falaram. Nem sequer se encontraram. Jesus não tocou nele. A cura, ou seja, a salvação foi concedida mediante a palavra do Senhor pronunciada a distância, comprovando que a fé e a oração suplantam quaisquer fronteiras ou obstáculos. Basta uma palavra do Senhor, e a graça nos alcança onde estivermos. Por outro lado, quando, na vida interior, deixamos de plantar a fé, esquivamo-nos de colher esperança.

Então, não nos cansemos de rezar: "Senhor, eu tenho fé, mas coloca mais do Teu fermento sobre ela e faze-a crescer e irradiar. Eu quero ter a fé do centurião. Senhor, que minha fé seja autêntica, vinculada à caridade e capaz de superar barreiras religiosas. Ensina-me, Senhor, a esquecer de mim e a pensar no meu próximo, naqueles que precisam e se recomendam às minhas orações."

Para meditar

✓ Tenho uma fé autêntica, firme e comprometida?

✓ Como o oficial romano, coloco minha esperança na Palavra de Jesus?

✓ Reconheço minha pequenez diante de Deus e sirvo de instrumento para que Sua graça alcance outros?

Para rezar

Salmo 39 (40)

Ant.: Minha esperança se encontra no Senhor!

2 Esperando, esperei no Senhor,
e inclinando-se, ouviu meu clamor.
3 Retirou-me da cova da morte
e de um charco de lodo e de lama.

Colocou os meus pés sobre a rocha,
devolveu a firmeza a meus passos.
4 Canto novo ele pôs em meus lábios,
um poema em louvor ao Senhor.

Muitos vejam, respeitem, adorem
e esperem em Deus, confiantes.
5 É feliz quem a Deus se confia;
quem não segue os que adoram os ídolos
e se perdem por falsos caminhos.

6 Quão imensos, Senhor, vossos feitos!
Maravilhas fizestes por nós!
Quem a vós poderá comparar-se
nos desígnios a nosso respeito?
Eu quisera, Senhor, publicá-los,
mas são tantos! Quem pode contá-los?

7 Sacrifício e oblação não quisestes,
mas abristes, Senhor, meus ouvidos;
não pedistes ofertas nem vítimas,
holocaustos por nossos pecados.
8 E, então, eu vos disse: "Eis que venho!"

Sobre mim está escrito no livro:
9 "Com prazer faço a vossa vontade,
guardo em meu coração vossa lei!"

Glória ao Pai, e ao Filho, e ao Espírito Santo.
Como era no princípio, agora e sempre. Amém.

Oração

Com fé espero em Ti, Senhor, nas minhas preces,
nos meus anseios, nos meus propósitos, no meu querer.
Senhor, sei que inclinas para mim os ouvidos
e que minha prece não é em vão.
Sei que me ouves, por isso, diante de Ti, Senhor,
coloco minhas necessidades
e as daqueles que me são caros,
certo de que ouvirás o meu clamor.
Serei feliz enquanto minha confiança estiver toda em Ti.
Quantos benefícios, quantos projetos realizaste
em meu favor, e eu quero anunciá-los.
Senhor, sei que não queres sacrifícios
nem ofertas em troca do que fazes,
por isso eu Te louvo e agradeço!
Estou aqui para fazer a Tua vontade,
para cumprir a Tua palavra.
Amém.

Sétimo milagre:

SENHOR, CURA NOSSAS ENFERMIDADES DO CORPO E DA ALMA

Ao ler sobre o milagre que vou comentar você poderá pensar: "O padre está se repetindo, já comentou antes sobre o mesmo assunto." Na verdade, embora eventualmente trate da mesma matéria, cada um dos milagres selecionados nesta obra tem uma mensagem específica, uma lição que deve ser aprendida, então nenhum deles pode ser considerado similar ao outro. Meu objetivo com este, que é o primeiro livro de uma trilogia, é ensinar você a doutrinar o seu olhar para enxergar os sinais do sagrado; eis a missão primordial desta obra. Então nada mais justo do que voltar a um aspecto que está na origem da maior parte dos nossos problemas: a fragilidade da condição humana.

É daí que decorre a maior parte dos sofrimentos, das inseguranças, bem como a ansiedade que nos aflige. Não há alguém que possa dizer que nunca sentiu a dor e a angústia provocadas por uma situação de doença, se não em si mesmo, em algum familiar ou pessoa próxima. Refiro-me a todo tipo de enfermidades, sejam elas físicas, psíquicas ou espirituais. Nesses momentos, em que experimentamos de perto nossas limitações e fraquezas, invariavelmente precisamos de conforto e solidariedade.

Nossos doentes nos preocupam e também preocuparam Jesus, como relata São Lucas: "Ao cair da tarde, depois do pôr do sol, todos os que tinham enfermos de diversas moléstias os traziam a Jesus. Ele, impondo-lhes as mãos, os curava" (Lucas 4,40). O Catecismo da Igreja Católica (§ 1505) ensina:

> Comovido com tantos sofrimentos, Cristo não apenas se deixa tocar pelos doentes, mas assume suas misérias: "Ele levou nossas enfermidades e carregou nossas doenças." Não curou todos os enfermos. Suas curas eram sinais da vinda do Reino de Deus. Anunciavam uma cura mais radical: a vitória sobre o pecado e a morte por sua Páscoa. Na cruz, Cristo tomou sobre si todo o peso do mal e tirou o "pecado do mundo" (João 1,29). A enfermidade não é mais do que uma consequência do pecado. Por sua paixão e morte na cruz, Cristo deu um novo sentido ao sofrimento, que doravante pode configurar-nos com Ele e unir-nos à sua paixão redentora.

Assistir os enfermos é uma obra de misericórdia corporal. Em sua mensagem para o XXII Dia Mundial do Doente, comemorado em 2014, nosso Sumo Pontífice, Papa Francisco, fez a belíssima exortação: "Quando nos aproximamos com ternura daqueles que precisam de cura, levamos a esperança e o sorriso de Deus."

Interceder pelos doentes é um exemplo nas Sagradas Escrituras e uma preocupação da Igreja, que recebeu a seguinte missão: "Curai os enfermos!" (Mateus 10,8). A Igreja recebeu essa missão do Senhor e se esforça por cumpri-la, tanto por meio dos cuidados dispensados aos doentes, como pela oração de intercessão com que os acompanha. Ela crê na presença vivificante de Cristo, Médico da alma e do corpo (cf. CIC § 1509).

Quanto a nós, todos temos alguém por quem interceder. Quando rogamos pelos doentes, sem menosprezar e desprezar os recursos da medicina, estamos depositando nossa confiança no Deus do impossível, naquele que tudo pode.

A intercessão é uma oração de pedido que nos coloca em sintonia com a oração de Jesus. Ele é o único intercessor junto do Pai em favor de todos os homens (cf. CIC § 2634). Então, interceder é colocar-se entre Jesus e alguém, rogando pela sua necessidade, como pede São Tiago (4,16): "Orai uns pelos outros para serdes curados."

Neste milagre em que Jesus cura a filha de Jairo vemos como Sua misericórdia nos renova e nos faz viver de novo:

> E, novamente atravessando Jesus de barco para o outro lado, uma numerosa multidão o cercou, e ele se deteve à beira-mar. Aproximou-se um dos chefes da sinagoga, cujo nome era Jairo, e vendo-o, caiu a seus pés. Rogou-lhe insistentemente, dizendo: "Mi-

nha filhinha está morrendo. Vem e impõe nela as mãos para que seja salva e viva."

Ele o acompanhou e numerosa multidão o seguia, apertando-o de todos os lados.

Ora, outra mulher que havia doze anos tinha um fluxo de sangue e que muito sofrera nas mãos de vários médicos, tendo gasto tudo o que possuía sem nenhum resultado, mas cada vez piorando mais, ouvira falar de Jesus. Aproximou-se dele, por detrás, no meio da multidão, e tocou seu manto. Porque dizia: "Se ao menos tocas suas roupas, serei salva."

E logo estancou a hemorragia. E ela sentiu no corpo que estava curada de sua enfermidade.

Imediatamente, Jesus, tendo consciência da força que dele saíra, voltou-se para a multidão e disse: "Quem tocou minhas roupas?"

Os discípulos disseram-lhe: "Vês a multidão que te comprime e perguntas 'Quem me tocou?'"

Jesus olhava em torno de si para ver quem havia feito aquilo. Então a mulher, amedrontada e trêmula, sabendo o que lhe havia sucedido, foi e caiu-lhe aos pés e contou-lhe toda a verdade. E ele disse-lhe: "Minha filha, a tua fé te salvou; vai em paz fique curada desse teu mal."

Ainda falava, quando chegaram alguns da casa do chefe da sinagoga dizendo: "Tua filha morreu. Por que perturbas ainda o Mestre?"

Jesus, porém, tendo ouvido a palavra que acabava de ser pronunciada, disse ao chefe da sinagoga: "Não temas: crê somente."

E não permitiu que ninguém o acompanhasse, exceto Pedro, Tiago e João, o irmão de Tiago.

Chegaram à casa do chefe da sinagoga, e ele viu um alvoroço. Muita gente chorando e clamando em voz alta. Entrando, disse: "Por que este alvoroço e este pranto? A criança não morreu; está dormindo."

E caçoavam dele. Ele, porém, ordenou que saíssem todos, exceto o pai e a mãe da criança e os que acompanhavam, e com eles entrou onde estava a criança. Tomando a mão da criança, disse: "Talítha kum" — o que significa: "Menina, eu te digo, levanta-te."

No mesmo instante, a menina se levantou, e andava, pois já tinha doze anos. E ficaram extremamente espantados. Recomendou-lhes então expressamente que ninguém soubesse o que tinham visto. E mandou que dessem de comer à menina.

Marcos 5, 21-43

Jesus foi abordado por Jairo, chefe da sinagoga local, aparentemente um judeu não convertido, que, no entanto, se ajoelhou diante do Senhor. Essa atitude marca um ato de reverência, de reconhecimento da divindade e da soberania de Jesus. É, portanto, um ato de fé. A frase que diz em seguida toca a todos nós: "Minha filhinha está nas últimas." Ele, em seu amor de pai, não se conformou em ver sua filha sofrendo e, mesmo correndo risco de perder seu cargo, pediu a Jesus que impusesse as mãos sobre sua filha e a curasse.

O nome da filha não é citado, e alguns estudiosos consideram que ela simboliza todo um povo doente. Jairo, por sua vez, como chefe da sinagoga, estaria intercedendo por seu povo. Uma compreensão mais abrangente permite estender a referência a toda pessoa enferma que necessita da misericórdia do Senhor.

Mas, independentemente da simbologia, o que se destaca aqui é justamente a importância da intercessão. Quando uma pessoa está muito doente, com enfermidade de qualquer tipo, muitas vezes ela não consegue rezar. Até mesmo quando se está muito magoado, abalado, a oração parece que trava, não flui, sendo providencial nessa hora contar com a intercessão alheia, o que implica pedir orações pelas nossas intenções. No enfrentamento de minhas provações particulares, por exemplo, sempre peço que rezem por mim, e, graças a Deus, tenho contado com muitas "madrinhas intercessoras".

O texto continua narrando que Jesus foi com Jairo, e grande multidão O seguia, até que Seu manto foi tocado por uma mulher com fluxo de sangue. Jesus sentiu e se deteve por alguns momentos para avaliar o ocorrido, o que nos faz imaginar a angústia e a ansiedade de Jairo; sua filha estava quase morta, então qualquer minuto perdido poderia ser decisivo. Contudo, o fato é que durante a execução de um milagre, aconteceu outro, pois Jesus curou a mulher. Nesse exato instante, chegou a notícia da morte da menina.

Dessa confluência de acontecimentos simultâneos, muito se pode especular. O que teria ocorrido? Jairo fez o pedido a Jesus, ele intercedeu por sua filha, e a resposta não foi imediata. Por outro lado, a mulher que pediu depois dele foi atendida. A situação é bastante ilustrativa para o que passamos em nossa vida. Às vezes rezamos, mas tudo parece piorar. O que era para ser apenas mais um entardecer, transforma-se no breu mais escuro. Começamos um processo de intercessão, oração, súplica, mas em vez de tudo melhorar, parece que a tribulação fica ainda maior. O que está errado?

Jairo foi provado exatamente dessa maneira, e a resposta de Jesus, que me faz um apaixonado por esse texto, foi: "Não temas: crê somente." Acredito que essa frase de Jesus vale para todos nós! Em situações desesperadoras, mesmo tendo recorrido ao Senhor, pode acontecer de recebermos más notícias. Contudo, deve prevalecer a certeza de que Dele sempre vem o conforto, que podemos traduzir como: "Não se assuste, nem se importe com o que dizem, não tenha medo; basta ter fé!"

Jesus chamou três apóstolos para acompanhá-Lo, os mesmos que sempre estavam com ele em momentos especiais, como a transfiguração no monte Tabor (cf. Lucas 9,28b). Chegando à casa de Jairo, lá encontraram o desespero provocado pela morte e o choro das carpideiras, profissão exercida por mulheres que eram pagas para chorar em velórios. Naquela época era costume contratar músicos e mulheres para chorar nessas ocasiões (cf. Jeremias 9,16-18).

Ao chegar, Jesus questionou o alvoroço. Fez questão de enfatizar que a menina estava apenas dormindo; mas duvidaram e zombaram de Suas palavras, demonstrando-se incrédulos. Aqui se encaixa perfeitamente a constatação do salmista: "Diz o insensato em seu coração: Deus não existe" (Salmos 53,2).

Não obstante, Jesus prosseguiu com Sua missão, sem nem mesmo se incomodar com o preceito da contaminação ritual, que prescrevia:

> Quem tocar um cadáver humano, ficará impuro por sete dias. Deverá ser purificado com a água da purificação no terceiro e no sétimo dia, e ficará puro. Se não fizer isso, não ficará puro. Quem tocar um cadáver, isto é, o corpo de uma pessoa morta, e não se purificar, profanará a morada de Javé, e será

> excluído de Israel. Uma vez que a água da purificação não foi derramada sobre ele, está impuro, e a impureza continua com ele.
>
> Números 19,11-13

Consciente do que fazia, segurou uma das mãos da menina e ordenou, em aramaico, que se levantasse. Ela atendeu ao seu pedido e o milagre se verificou.

Nós deveríamos ter sempre em nosso pensamento esse milagre de Jesus. Ora podemos atuar como Jairo, intercedendo por um parente ou amigo, ora a vida nos coloca no lugar da menina, se não enfermos fisicamente, prostrados pelo desânimo, sem forças para lutar.

Às vezes, pedimos por um doente e ficamos revoltados se a cura não se dá da forma que almejamos, como quando a pessoa acaba por falecer. Poucos são os que param para refletir e tentar entender. Milagre não é fórmula matemática e se mostra tão complexo quanto a vida. No momento de dor não conseguimos entender que, em quaisquer circunstâncias, Deus está agindo, o que cedo ou tarde perceberemos, se nos permitirmos refletir à luz da fé.

Sobre isso, cito o exemplo de um rapaz que rezou muito pedindo a cura do pai, mas mesmo assim o homem morreu. O filho, decepcionado, questionou a Deus, pois a princípio não atentara para a verdadeira graça recebida. Passado algum tempo, deu-se conta de que a verdadeira intercessão divina fora a realização do milagre do perdão. Ele e o irmão, que até então não se falavam, finalmente se reconciliaram. A família ficou curada das mágoas e dos ressentimentos e se uniu para superar a perda. Conforme já citado no capítulo anterior, é próprio da graça de Deus dar sentido à dor e nos fazer conseguir tirar algo bom das tribulações. Por isso, temos de nos esforçar para entender "para que" os fatos acontecem em nossa vida.

Como intercessores, somos responsáveis por apresentar a Jesus nossos doentes e suplicar: "Senhor, vai até essa pessoa por quem rezo e toca-a com Teu poder, Teu amor e Tua misericórdia. Alivia-a da dor e do sofrimento físico e espiritual."

Mas, também somos chamados a pedir por nós mesmos: "Senhor, põe Tuas mãos sobre mim. Estou doente, Senhor! Estou quase morrendo. E não é morrendo fisicamente, mas de desgosto, tristeza, desânimo, dificuldade de reagir. Senhor, estou morrendo em minhas forças, na esperança, nas ilusões, na alegria. Toca em mim, Senhor, e me traz de volta a vida plena."

Para meditar

✓ Sou uma presença de consolo e conforto para os doentes?

✓ Por meio da intercessão, tenho colocado na presença de Jesus os doentes do corpo e da alma?

✓ Realmente me esforço para compreender os desígnios de Deus, ainda que meus pedidos não sejam atendidos da forma esperada?

Salmo 40 (41)

Ant.: Curai-me, Senhor: eu pequei contra vós!

2 Feliz de quem pensa no pobre e no fraco:
o Senhor o liberta no dia do mal!
3 O Senhor vai guardá-lo e salvar sua vida,
o Senhor vai torná-lo feliz sobre a terra,
e não vai entregá-lo à mercê do inimigo.

4 Deus irá ampará-lo em seu leito de dor,
e lhe vai transformar a doença em vigor.
5 Eu digo: 'Meu Deus, tende pena de mim,
curai-me, Senhor, pois pequei contra vós!'

6 O meu inimigo me diz com maldade:
"Quando há de morrer e extinguir-se o seu nome?"

7 Se alguém me visita, é com dupla intenção:
recolhe más notícias no seu coração,
e, apenas saindo, ele corre a espalhá-las.

8 Vaticinam desgraças os meus inimigos,
reunidos, sussurram o mal contra mim:
9 "Uma peste incurável caiu sobre ele,
e do leito em que jaz nunca mais se erguerá!"
10 Até mesmo o amigo em quem mais confiava,
que comia o meu pão, me calcou sob os pés.

11 Vós ao menos, Senhor, tende pena de mim,
levantai-me: que eu possa pagar-lhes o mal.
12 Eu, então, saberei que vós sois meu amigo,
porque não triunfou sobre mim o inimigo.

13 Vós, porém, me havereis de guardar são e salvo
e me pôr para sempre na vossa presença.
14 Bendito o Senhor, que é Deus de Israel,
desde sempre, agora e sempre. Amém!

Glória ao Pai, e ao Filho, e ao Espírito Santo.
Como era no princípio, agora e sempre. Amém.

Oração

Feliz aquele que cuida do indigente, do fraco;
Tu, Senhor, o guardas e o manténs vivo.
Senhor, abençoa e santifica
todos aqueles que estão nos leitos de dor,
e também aqueles que cuidam dos doentes.
Toca na vida de todos aqueles que têm uma vida
extremamente vinculada à enfermidade;
compensa-os, Senhor, com Teu amor, com Tua ternura,
com Tua presença.
Senhor, toca naqueles que estão desanimados,
naqueles que estão abatidos pela enfermidade,
naqueles que sofrem.
Toca, Senhor, naqueles que não encontram sentido em viver.
Mostra, Senhor, a Tua força, resgata-os na esperança,
pois Tu, Senhor, sustentas no leito de dor aqueles que sofrem
e afofas a cama dos que definham.
Amém.

Conclusão

Muitas são as razões que levam o ser humano a buscar Deus. Há quem O busque pelo amor, enquanto outros O procuram na hora da dor. Não importa a razão, e sim o desejo de encontrar quem, na verdade, já nos encontrou.

O encontro em si representa um milagre, e o milagre pode ser um encontro, mas sobre isso trataremos futuramente em outro livro. No momento o importante é saber que Ele Se antecipou em Se deixar encontrar, tocar e ser sentido. Afinal "Ele nos amou primeiro" (1João 4,19).

Jesus, o pleno amor transbordado em compaixão, manifesta uma atitude permanente de acolhimento ao perdoar, ensinar e curar a todos os que recorrem a Ele. O evangelista Lucas afirma: "Toda a multidão procurava tocar em Jesus, porque uma força saía dele, e curava a todos" (Lucas 6,19). Não se preocupou em identificar as pessoas mencionadas, a que nação ou classe pertenciam, apenas mostrando ser o Messias aberto e disposto a acolher aqueles que assim desejassem.

Não se trata aqui de questionar se acaso alguém em particular deixou de ser atendido por Jesus ou se em Sua forma humana conseguiu dar atenção a todos. A questão central é a abertura, a amplitude da redenção oferecida por Jesus Cristo a toda a humanidade.

Os milagres tratados neste livro apontam exatamente para esse aspecto. Eles estão ao alcance de todos aqueles que, com fé e de coração sincero, os desejarem. Da mesma forma entenda-se a missão de continuidade dada por Jesus aos seus discípulos e a nós:

> Vão pelo mundo inteiro e anunciem a Boa Notícia para toda a humanidade. Quem acreditar e for batizado, será salvo. Quem não acreditar, será condenado. Os sinais que acompanharão aqueles que acreditarem são estes: expulsarão demônios em meu nome, falarão novas línguas; se pegarem cobras ou beberem algum veneno, não sofrerão nenhum mal; quando colocarem as mãos sobre os doentes, estes ficarão curados.
>
> Marcos 16,15-18

Quem pode duvidar da continuidade da ação de Jesus Cristo no mundo pela Igreja e pelos sucessores dos apóstolos? Os incontáveis casos de graças alcançadas e bênçãos operadas na vida do povo de Deus ao longo da história da Igreja nada mais são do que uma realização de algo que já estava no coração de nosso Senhor Jesus Cristo.

Claro que o reconhecimento de um fato como milagre oficial e devocional da Igreja exige uma análise prévia rigorosa e criteriosa, pela qual passaram todos aqueles inúmeros episódios registrados e informados ao público, contribuindo assim para edificação da fé. Por outro lado, também faço questão de ressaltar os eventos que são de foro interno e de caráter pessoal. Estes ocorrem com frequência e deveriam, com seriedade, ser vistos como um carinho de Deus em nossa vida. São pequenas consolações na aridez da vivência da fé, tal como oásis no imenso deserto.

Estava no coração e nos planos de Jesus misericordioso e ressuscitado o envio de sinais e prodígios que confirmariam a missão neste tempo novo da Igreja peregrina. A Igreja, sustentada e movida pelo Espírito Santo, é um canteiro fecundo de novos pentecostes, onde "se fazem novas todas as coisas" (cf. Apocalipse 21,5).

Vivemos com muitas incertezas e inúmeros questionamentos, mas nosso alento está garantido no fato de que não estamos sozinhos, pois esta foi a última promessa de Jesus: "Eis que eu estarei com vocês todos os dias, até o fim do mundo" (Mateus 28,20).

Evangelizar é preciso!

Referências bibliográficas

AMORTH, Gabriele. *Um exorcista conta-nos*. Editora Paulinas, 2012.

Bíblia de Jerusalém. São Paulo: Paulus, 2002.

Bíblia Sagrada. Tradução da CNBB, hospedada no site: www.bibliacatolica.com.br

Catecismo da Igreja Católica: Edição Típica Vaticana. São Paulo: Edições Loyola, 1999.

Oração das horas. Editora Ave Maria, 2000.

P. D. Mézard, O. P., *Meditationes ex Operibus S. Thomae*. Tradução: Permanência. À disposição no site: http://permanencia.org.br/drupal/node/1883

Sermões de Santo Tomas de Aquino. "A oração Dominical: E não nos deixeis cair em tentação." Rio de Janeiro: Edição Eletrônica Permanência, 2003.

Disponível em: sumateologica.files.wordpress.com

Publisher
Kaíke Nanne

Edição de texto
Marco Polo Henriques

Produção
Thalita Aragão Ramalho

Produção editorial
Daniel Borges

Revisão
Luiz Antonio Werneck Maia

Projeto gráfico de miolo
Lúcio Nöthlich Pimentel

Projeto gráfico de capa
Maquinaria

Foto de capa
Leo Aversa

Este livro foi composto em Electra 13/20
e impresso pela Edigráfica sobre
papel Avena 80 g/m² para a Agir em 2014.